出版産業の変貌を追う

星野 渉
Hoshino Wataru

青弓社

出版産業の変貌を追う　目次

第5章　海外の出版事情と日本の国際化

第6章　出版産業の課題と動向　195

装丁――Malpu Design［清水良洋］

はじめに

一九九〇年代から二〇〇〇年代にかけて、日本の出版産業は、明治維新と約七十年前に戦争で日本全体が灰燼に帰して以来となる、大きく、かつ根本的な変化を味わっている。本書に収めた文章は、出来事を通してそのときどきの出版産業の状況について書いているが、読み直してみると、現在につながる大きな流れが見えてくるように感じる。この間の変化を一言で言えば、「デジタル技術の発達と普及に伴う産業構造の転換」と表すことができる。書店の減少、取次の経営不振、出版社の海外展開なども、直接／間接にデジタル化の影響である。

私はメディア産業の専門紙「文化通信」の記者として、一九八九年から出版業界の取材を続けてきた。当時、この業界は消費税導入に伴う価格表示問題（内税表示と外税表示の議論）に揺れていたが、今日から見れば、まだ牧歌的な雰囲気が色濃く残っていた。

あの頃は雑誌全盛の時代がまだ続いていて、大手出版社は雑誌創刊や周年記念で派手なパーティーを開き、終夜明かりが消えない社屋が〝不夜城〟などと呼ばれていた。中小規模の出版社や書店にしても、業界全体の活気のなかで日々飲み歩くなど、結構余裕があったように思う。そんななかで、「マーケティング」などという言葉を使うと怪訝な顔をされたものだ。出版物は〝売れるものを作る〟のではなく〝作るべきものを売る〟という考え方が一般的で、多くの出版社は編集部主導で経営され、営業の現場では取次や書店との人間関係が重視され、物事は経験と勘によって動いていた。当時、そのような出版業界は「村社会」と呼ばれ、周りの社会が変化しても変わらない世界だと思われていた。社会の好不況の波とは無関係だとか、出版社・取次・書店が利害を共有する〝三位一体〟という言葉が当然のように使われていた。

それから二十五年がたち、様相はまったく変わった。ある大手出版社ではタクシー禁止令によって終電までに社員が帰宅するようになり、出版物のプロモーションや書店への事前営業といったマーケティングは当然に必要なことと考えられている。そして、ほかの多くの業界が経験してきた市場の縮小と、それに伴う業界の再編の渦中にある。いまや、〝三位一体〟も死語に近い。

本書を読んでいただくことで、そうした流れをある程度俯瞰できると思う。ここに収めた文章は、二〇〇一年から一三年にかけていくつかの媒体に発表してきたものだ。それぞれ、基本的には当時の表現のままとしていて、必要と思われる最低限の修正と注記を加えた。

まず第1章「出版という産業」でこの国の出版産業の構造と、それがどのように変化してきたのかを示し、第2章「出版流通・販売の変化」では、取次と書店という出版流通の担い手がデジタル化と市場縮小の影響をどう被っているのか、そして、これからの書店の変化と役割についてみている。第3章「闘うアメリカの独立系書店」は、これまで訪れた書店のなかで最も印象的で、その経営者の考え方に大きな衝撃を受けたアメリカのパウエルズブックスと、アメリカ書店組合のレポートを収めた。第4章「いよいよ本格化する電子出版」では、二〇一〇年の「電子書籍元年」前後の電子出版の流れと、そのときどきの課題を示した論考を所収し、第5章「海外の出版事情と日本の国際化」では、日本コンテンツの海外進出という、出版業界にとどまらない、日本産業界の課題にも通じるテーマを中心に、海外の事情を盛り込んだ。そして第6章「出版産業の課題と動向」は、大手取次の日本出版販売が取引書店向けに毎年十二月に発行している「日販通信」の新年号に定期的に寄稿してきた各年の総括と展望を〇七年から一三年まで時系列に並べた。ここでは出版産業の近年の変化をお伝えできると思う。

それぞれの文章は、ある程度将来を予想して書いていて、そのとおりになったこともあれば、予想に反したこともある。しかし、いま振り返ると、その時期に感じた私の問題意識や業界の雰囲気を伝える内容になっているように思う。

この仕事を続けるなかで、個人的な信念とか理念といったものは特にもっていないが、どんな内容の本であっても、いろいろな出版物が刊行され続けることが重要だという思いを一読者としてもち続けてきた。市場環境が厳しくなって、デジタル化によって出版のプラットフォームが大きく変わることで既存のプレイヤーが苦しくなったり継続性が脅かされることになったとしても、結果として多様な出版物が生み出されるのであれば、歴史的にみて決してマイナスの動きではないと考えている。本というのはそもそもあまたいる人の思いや思想を比較的低いコストで表現できる手段であり、そのことが、我々に楽しみや感動といった刺激を与えてくれているからだ。その連なりが歴史となり、後世に生き続ける。

そういう意味で、出版とは多様性こそが魅力であり、そのことは環境の変化によっても変わることはない。いや、むしろ現在の変化は、これまで以上に多様な出版を実現できるチャンスでもあると思っている。

本書を出版する時点でも、出版業界は変化のまっただなかにある。そんな変化をチャンスにして、ますます豊かな出版を実現するためにも、これまでの流れを確認し、これからを見通していくことが求められているような気がする。本書が少しでもそのお役に立つことができれば幸いである。

第1章 出版という産業

1 「出版不況」の正体とは——雑誌メディアの低迷とデジタル技術の影響

日本の出版業界は敗戦後、ほぼ一貫して成長を続けてきたが、一九九六年をピークに、それ以降は十六年間にわたって売り上げの減少が続き、社会では「出版不況」という言葉が定着しているように思われる。この言葉はしばしば「活字離れ」「本離れ」といった言葉とともに使われるが、これらから想起される「本が読まれなくなった」＝「出版業界の不況」という図式は必ずしも正しくはない。そこには、日本独特の出版産業構造に起因する要因がある。まず、「出版不況」とは何を意味しているのかを読み解くことで、出版産業の構造についてみていきたい。

●雑誌が支えてきた日本の出版産業

日本の出版産業の特徴は、メーカー（出版社）、流通（取次）、小売り（書店）の各段階で書籍と雑誌の両方を生産・流通・販売していること、そして出版物全体の販売額に占める雑誌の比率が高いこと、さらには出版社での雑誌収入のなかで、販売収入が広告収入を上回っていることだ。

書籍と雑誌の合計販売金額がピークを迎えた一九九六年には、書籍の販売金額が一兆九百三十一億円だったのに対して、雑誌の販売金額は一兆五千六百三十二億円と約一・五倍の規模だった。二〇〇六年でも、書籍の販売金額九千三百二十六億円に対して、雑誌の販売金額は一兆二千二百億円だ。

しかも、定期的に刊行される雑誌は計画性があって、少品種大量生産・ロット流通が可能であり、一貫して戦後の出版産業の安定成長を支えてきた。大手出版社と大手取次会社は雑誌の販売比率が高く、雑誌の収益に依存することで高成長を実現してきたといえる。

また、書店ではむしろ中小規模の事業者で雑誌の販売比率が高く、大手取次の調査によると、五十坪（一坪は約三・三平方メートル）以下の書店の売上高に占める雑誌の比率は四〇％から四五％（書籍は三六％、コミックスが一〇％から一七％）と高く、八十坪程度の書店でも売上高の約七〇％を雑誌が占めるという書店さえある。かつて二万三千店（書店統計はアルメディア調査に基づく）以上あった書店の大多数を占める中小書店の経営は、雑誌の販売によって支えられてきた。

一九九七年から約十年間にわたって出版産業はマイナス成長を続けてきたが、その内訳をみると雑誌販売のマイナスが大きい。成長の原動力になってきた雑誌の市場縮小は、出版産業にとって深刻な問題であり、産業構造の転換を迫るものだ。

販売動向からみる需要の推移

出版科学研究所の調査から一九九七年と二〇〇六年の出版物の販売状況を比較すると、販売金額では書籍が一四・三％減、雑誌が二二・〇％減となっていて、雑誌の落ち込みが大きいことがわかる。さらに、消費者の需要をより正確に反映している販売部数の推移をみると、書籍の一九・九％減に対して、雑誌は三一・〇％減とマイナス幅が大きくなっている（図1）。

ちなみにこの統計では、雑誌に分類される月刊誌にはコミックス（マンガ単行本）とムックが、週刊誌には分冊百科（パートワーク）が含まれている。コミックス、ムック、分冊百科は現在でもプラス成長している分野なので、定期刊行物だけを抽出した場合のマイナスは、より大きくなるとみられる。

一方、書籍は、販売部数のピークは一九八八年であり、その後、マイナス基調で推移してきたとはいえ、雑誌のような急激な需要減退は示していない。むしろ二〇〇三年以降は高価格で大部数を販売する『ハリー・ポッター』シリーズ[1]が刊行されるか否かで増減を繰り返していて、〇七年現在でもほぼ横ばいである。これに対して、雑誌は購買（需要）自体の大幅な減退が続いているといえる。

ただ書籍についていては、販売部数は安定しているにもかかわらず、販売金額が低下する傾向が表れていて、書籍では低価格商品へのシフトが進んでいる。

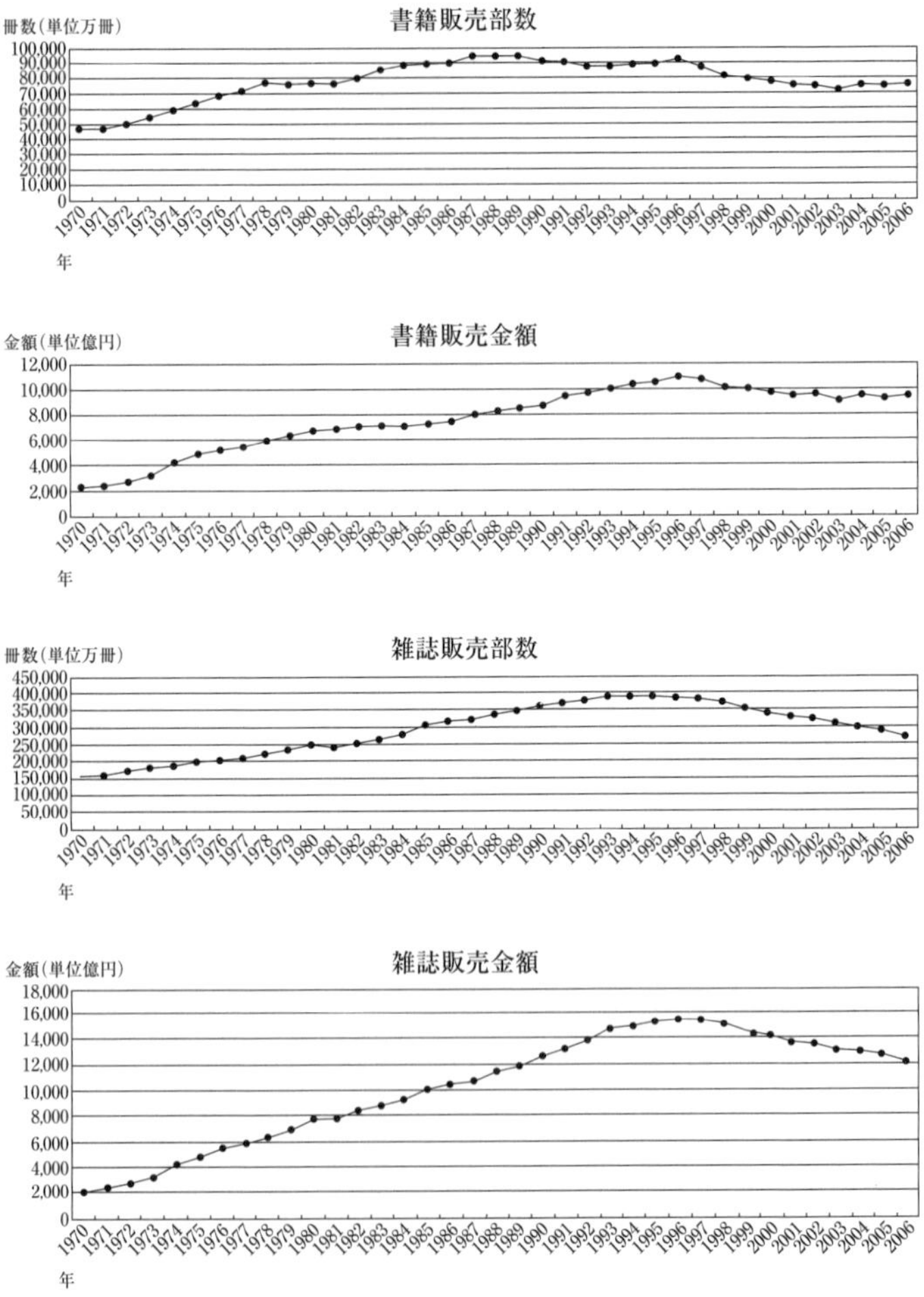
書籍販売部数
冊数(単位万冊)
100,000
90,000
80,000
70,000
60,000
50,000
40,000
30,000
20,000
10,000
0
年
書籍販売金額
金額(単位億円)
12,000
10,000
8,000
6,000
4,000
2,000
0
年
雑誌販売部数
冊数(単位万冊)
450,000
400,000
350,000
300,000
250,000
200,000
150,000
100,000
50,000
0
年
雑誌販売金額
金額(単位億円)
18,000
16,000
14,000
12,000
10,000
8,000
6,000
4,000
2,000
0
年
1970 1971 1972 1973 1974 1975 1976 1977 1978 1979 1980 1981 1982 1983 1984 1985 1986 1987 1988 1989 1990 1991 1992 1993 1994 1995 1996 1997 1998 1999 2000 2001 2002 2003 2004 2005 2006

図 1

●——雑誌の需要減退の理由

こうした雑誌の需要減退の理由として、いくつかの要因が指摘されている。雑誌を刊行する主要出版社九十五社（二〇〇七年十二月現在）が加盟する日本雑誌協会（以下、雑協と略記）の松村邦彦理事長は二〇〇七年におこなった講演で、雑誌低迷の原因を以下のように分析した（講演「雑誌の現状と将来展望——雑誌力の強化は出版市場を拡大する」、二〇〇七年六月五日大阪屋友の会連合大会）。

①中小書店の減少。十年前の二万六千店が二〇〇六年には一万七千六百店と、八千店も減少。一年間で八百店ずつが廃業して市場を失った。

②少子化。ゼロ歳から十四歳の人口が二百五十万人減、十五歳から六十四歳の人口が三百十三万人減。一人が年間に一万七千円を消費するとすれば約九百六十億円が人口減のもたらした損失。

③フリーマガジンやフリーペーパーの登場。マガジンとペーパーで年間推定三十億冊という。これが広告収入の減少をもたらした。

④インターネットや携帯電話の普及で読書時間が減った。

⑤雑誌を置く公共図書館が増えた。百誌も置いている図書館もある。回読率は増えたが、実売は逆に苦しい。

このうち①については、書店と競合する有力なチャンネルであり、かつこの間も店舗数が増加し

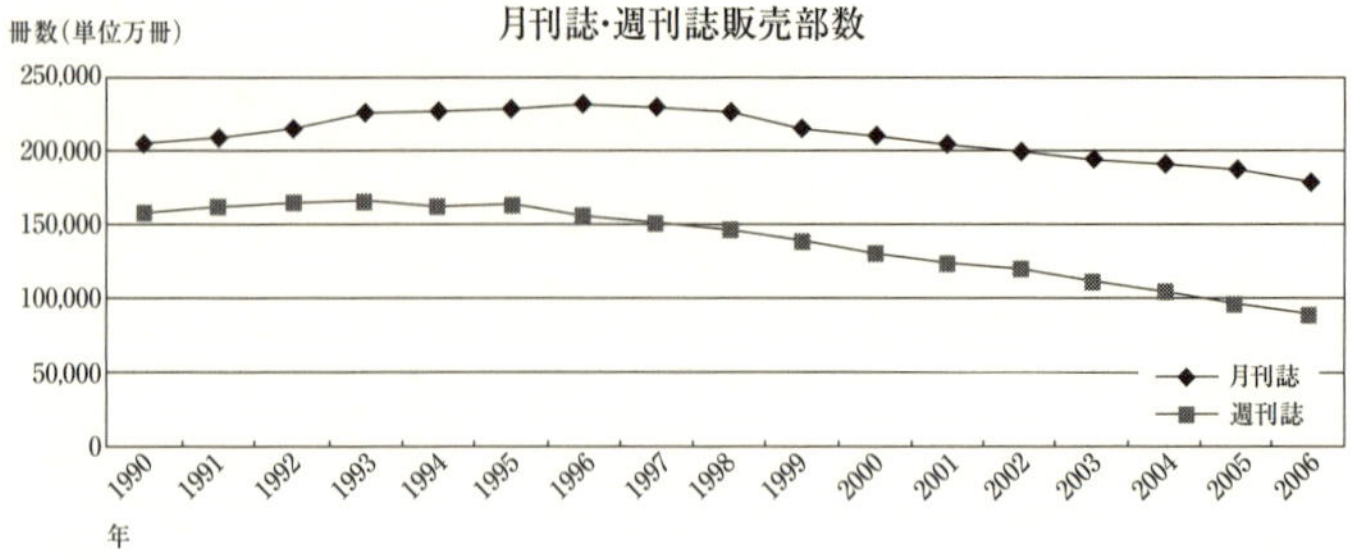

図2

ていたコンビニエンスストアでも雑誌販売が低迷していることから、中小書店の減少が雑誌の販売不振につながったというよりも、むしろ雑誌の需要減退が中小書店の経営を苦しくする一因になったとみるほうが妥当だろう。②については、長期的な観点からの影響は当然考えられるが、ここ十年ほどの急激な需要減退の説明にはならない。③は、消費者が定期的に情報を入手する手段としての雑誌の地位が相対的に低下したという点はフリー媒体との関連で検証するべきテーマだが、現時点で従来の雑誌が担ってきた役割を機能的にも地域的にも十分に担うほどのフリー媒体はまだほとんどないと思われる。⑤の図書館での閲覧は従来から存在するし、図書館の雑誌取り扱いがその市場に影響するほど急激に増加したというデータは存在しない。

デジタルネットワークの影響

前述の分析のなかで最も説得力をもっているのは、④のインターネットや携帯電話に代表されるデジタルネットワークの影響だ。

雑誌の需要推移でみると、発行サイクルが短い週刊誌の販売部数の低下が顕著であることがわかる（図2）。月刊誌に比べて週刊誌のマイナス傾向は時期的に早く訪れ、しかも急激に進行している。さらに、日本ABC協会の部数公査を受けている雑誌のなかでも、総合週刊誌、女性週刊誌、情報週刊誌（タウン情報など）といった雑誌は、ほかのジャンルに比べて部数の減少幅がより大きくなっている。サイクルが早く、ニュースや生活情報を伝える週刊誌や情報誌の販売部数が軒並み低下している点からみても、消費者が情報を入手する手段が雑誌からデジタルネットワークに移行していることが推測できる。

雑誌の販売が前年比を割り込むようになった一九九六年は、日本では前年にアメリカのマイクロソフト社のWindows95が発売され、一般家庭にパーソナルコンピューターが本格的に普及し始めた年であり、その後、インターネットへの接続環境が急激に向上していった。そして九九年にはNTTドコモが「iモード」サービスを開始。コンテンツをダウンロードできる携帯電話（携帯電話とPHS）の普及は、現在では「加入契約数の合計は九千九百八十二・六万加入で、人口普及率七八・一%」（総務省「電気通信サービスの加入契約数の状況〔二〇〇六年十二月末〕」）に達するまでになっている。

こうしたデジタルネットワークで提供されるコンテンツは、商品情報、タウン情報、映画・コンサート・演劇などの興行情報、ニュース、趣味や娯楽の専門情報、口コミによる飲食店評価など、これまで雑誌が提供してきた情報と重なる部分が多い。

雑誌メディアの特性として「セグメント性と進化性(2)」があり、その機能として「ジャーナリズム機能と生活情報の伝達機能(3)」があげられる。こうした機能を提供するうえで、雑誌がもつ習慣性

（定期性）、速報性が重要な役割を果たしてきたが、雑誌がもたらす情報は蓄積を目的に摂取されるものではなく、消費される傾向が強い。そのためデジタルネットワークに代替されやすいのだ。

特に広範囲かつ多くの人々に情報を伝えるという機能から考えた場合、デジタルネットワークの技術的・経済的な優位性は明らかだ。伝える内容（コンテンツ）の面からも、マス媒体という機能の面からも、デジタルネットワークは雑誌がもっていた役割を担い始めているといえるだろう。

出版社・取次への経済的な影響

かつてテレビが普及した一九六〇年代や、ＣＡＴＶ、衛星放送、キャプテン・システムなどが出現しニューメディアブームといわれた八〇年代にも、新聞や雑誌、書籍といった〝オールドメディア〟の危機が予測されたが、現在の雑誌の需要減退ほど明らかな影響は表れなかった。むしろ雑誌の現状は、テレビの普及によって、一年間で映画館の入場者数が五分の一に減少したかつての日本の映画産業を思い起こさせる。

もちろん、個別にみれば堅調なジャンルはあるし、部数を伸ばしている雑誌もあるが、少なくともマス媒体としての役割は、今後も縮小していくことはまちがいないだろう。

このような雑誌の販売不振が出版産業にとって深刻なのは、これまで収益性が高く、個別企業はもちろん、産業全体を支えてきたといっても過言ではないジャンルが構造的な不振に陥っているためだ。

これは近年の出版社の業績をみても明らかだ。日本の大手出版社の上位三社（小学館、講談社、集英社）の売上高、その内訳、税引き前利益を図3に示したが、各社とも雑誌販売収入の比率がきわめて高く、雑誌の販売低迷が利益の低下にほぼ直結していることがわかる。

さらに、雑誌の販売と並ぶ収入源である広告売り上げについても低下傾向が続いている。電通が毎年発表している「日本の広告費」(4)によれば、雑誌に使われる広告費は二〇〇一年の四千百八十億円以降、前年割れが続いている。〇六年の雑誌広告費は前年比一・五％減の三千八百八十七億円だったが、他方、インターネットなどのネット広告費は前年比二九・三％増の三千六百三十億円で、〇七年はネット広告が雑誌広告を上回ることが確実視されるという象徴的な年になった。

かつて、雑誌を出している大手出版社の社員が「書籍は赤字だ」と公言してはばからなかった時代もあり、この言葉には、書籍の収益では各社の高い人件費などの間接費をまかなえず、雑誌とコミックの収益が書籍の赤字を十分以上に補っているというニュアンスが含まれていた。しかし現在、そうした発言は皆無となった。

また、雑誌の販売不振の影響は書籍の刊行にも及んでいる。これら大手出版社のなかには、雑誌の低迷によって収益力が落ちたため、書籍の企画を厳選したり（売れにくいものは出さない）、発行部数を減らして返品によるロスを減らすよう現場に指示しているところもあり、文庫や新書といった比較的収益性が高いペーパーバックスを除くと、書籍を刊行する環境は厳しくなっている。これが書籍の低価格化にさらに拍車をかけてもいる。

こうした雑誌への依存体質とその不振による経営への打撃は、出版流通を担う取次にも表れている。

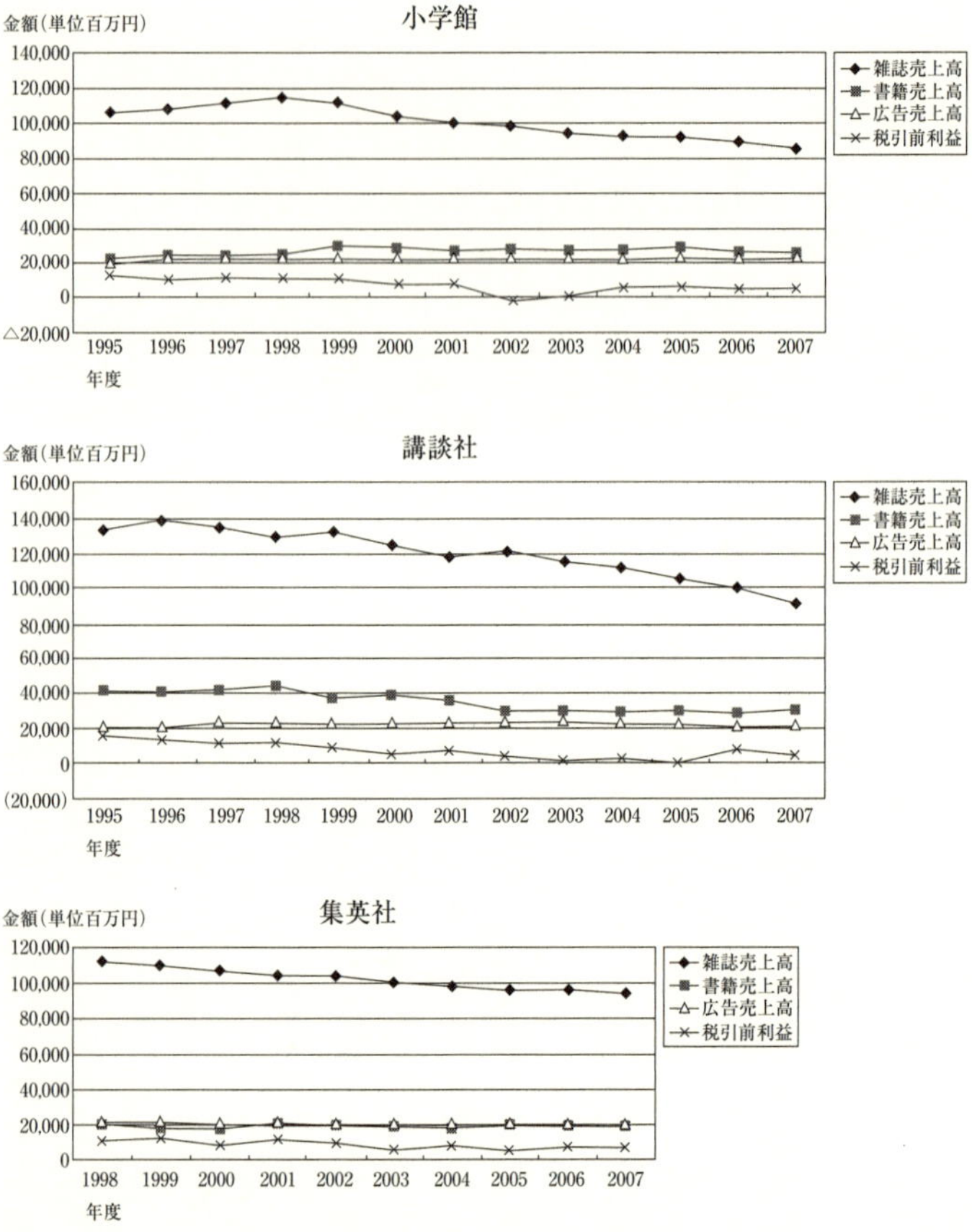
小学館
金額(単位百万円)
140,000
120,000
100,000
80,000
60,000
40,000
20,000
0
△20,000
1995 1996 1997 1998 1999 2000 2001 2002 2003 2004 2005 2006 2007
年度
雑誌売上高
書籍売上高
広告売上高
税引前利益
講談社
金額(単位百万円)
160,000
140,000
120,000
100,000
80,000
60,000
40,000
20,000
0
(20,000)
1995 1996 1997 1998 1999 2000 2001 2002 2003 2004 2005 2006 2007
年度
雑誌売上高
書籍売上高
広告売上高
税引前利益
集英社
金額(単位百万円)
120,000
100,000
80,000
60,000
40,000
20,000
0
1998 1999 2000 2001 2002 2003 2004 2005 2006 2007
年度
雑誌売上高
書籍売上高
広告売上高
税引前利益

図３

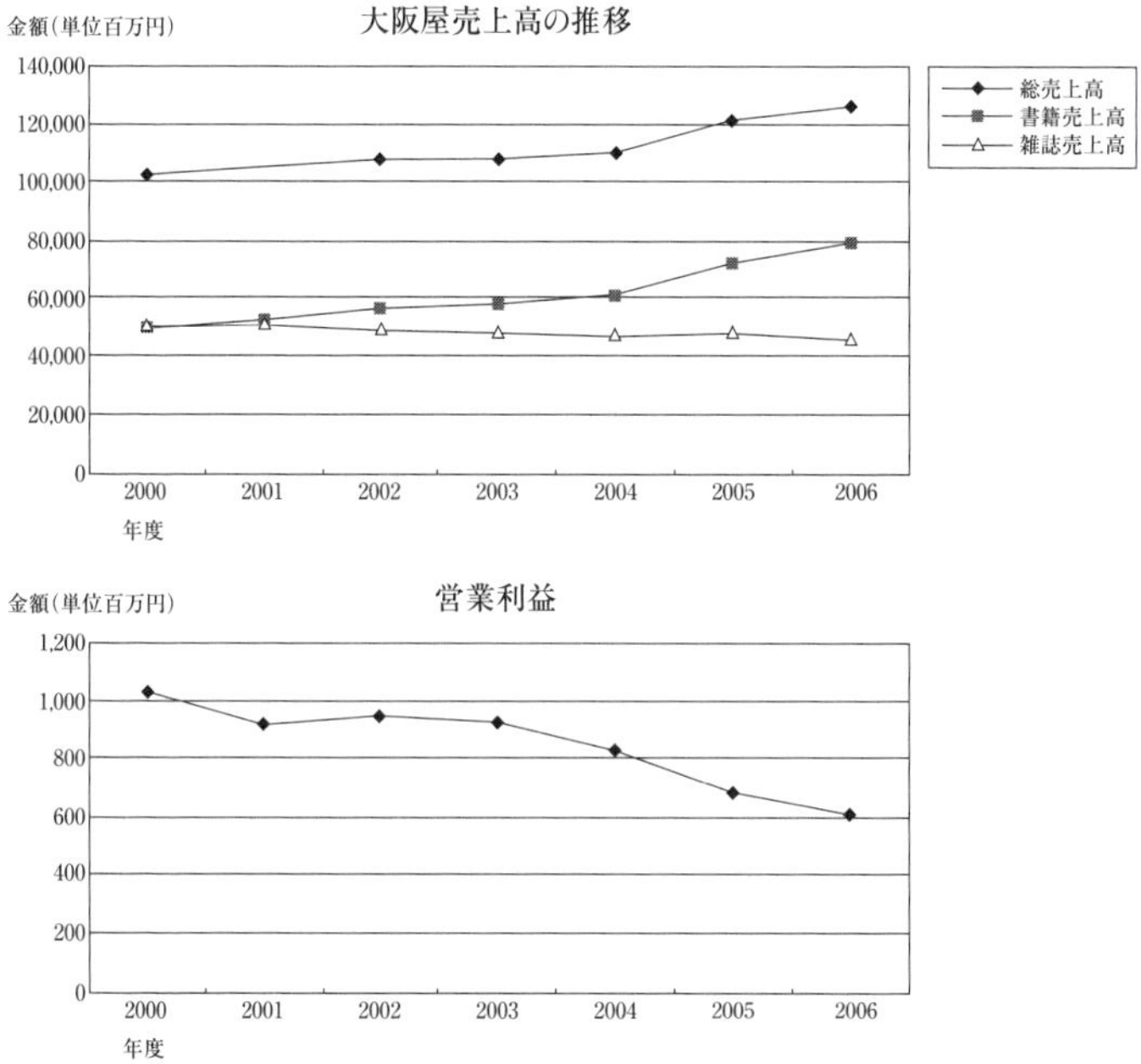

図4

　特に顕著なのは、二〇〇〇年からオンライン書店「Amazon」への書籍供給を開始した大阪屋だ。同社は売り上げ規模で主要取次の三位に位置する中堅取次だが、以前から、千坪から二千坪の売り場面積をもち、書籍中心の図書館型書店を複数展開するジュンク堂書店や阪急ブックファーストといった大手書店との取引が多かった。そのうえに成長著しい「Amazon」との取引が加わったことで、出版産業全体がマイナス基調だったこの間も、書籍の売上高が増加し、総売上高も前年を上回り続けた。にもかかわらず、利益面では減益が続く状況にある（図4）。

　また、取次で売り上げ規模第五位の太洋社は、かつて雑誌とコミック

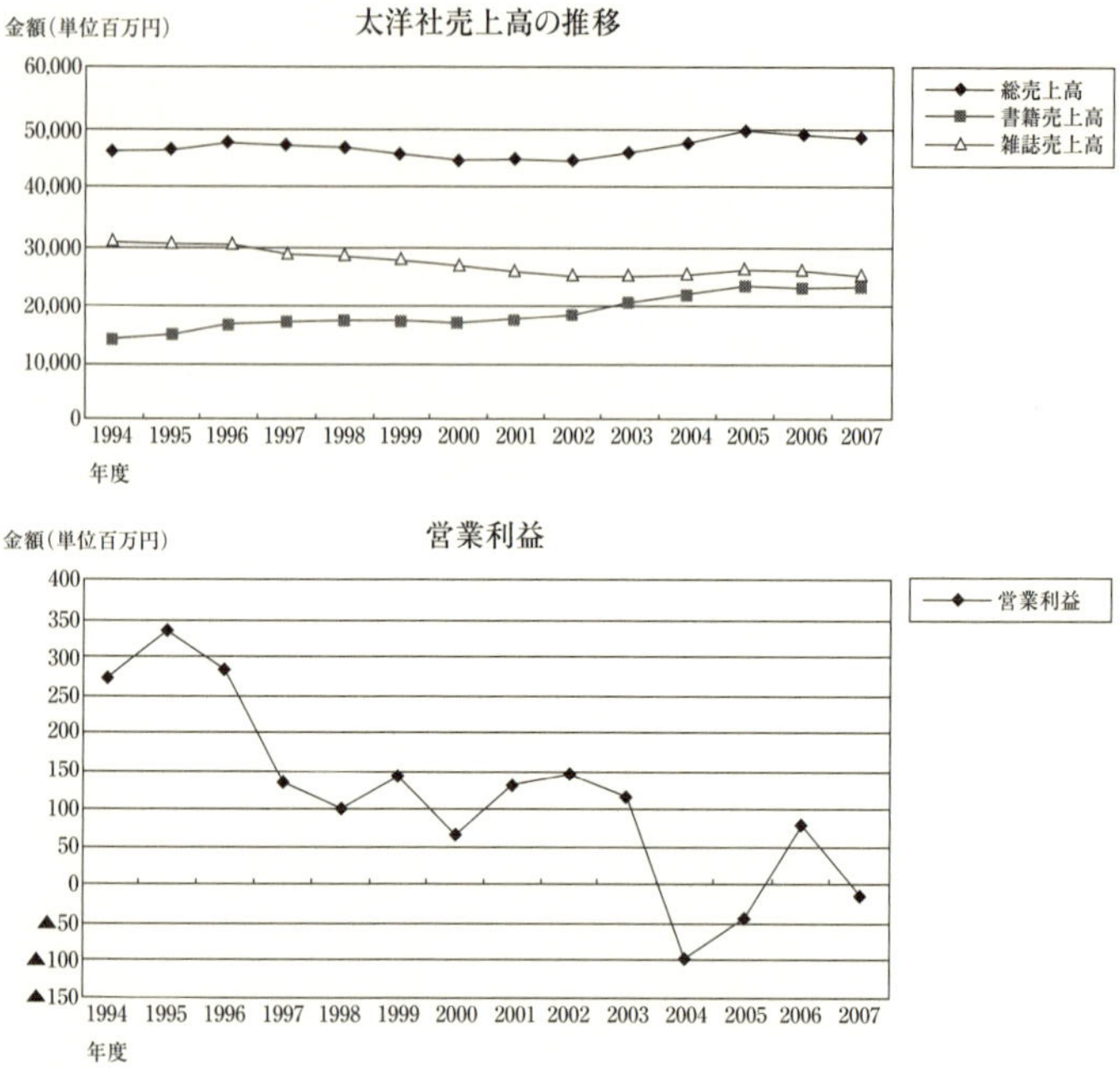

図5

スの取り扱いが多かったが、近年は大型書店との取引が増えたことで書籍の売上比率が上昇した。しかし、雑誌の売上高が下がったために、やはり売上高全体は増収基調なのに、減益ないしは赤字という状況に陥っている（図5）。

　こうした状況は、流通・販売効率がよくて収益性が高い雑誌の販売比率が低下し、流通・販売効率が悪い書籍の比重が増えたために生じたものであり、取次の収益構造がどれほど雑誌に偏ってきたかということ、そして書籍の取り扱いだけでは利益を確保できないことを示す事例だといえる。

　繰り返し述べたように、日本の出版産業では書籍と雑誌が同じ取次会社によって流通している。そして、先にみた取次各社の業績からも明らかなように、この流通システムはこれまで雑誌の収益によって維持されてきた。取次も大手出版社と同様に、雑誌が書籍を支える内部補助の構造だった。

その雑誌から収益を得られなくなれば、収益性がより低い書籍の流通コストをまかなえなくなるおそれがあり、物流の面からみても雑誌の不振は書籍に影響を及ぼすのだ。実際に一九九〇年代後半に収益力が落ちた取次各社は、返品によるロスを抑えるために新刊書籍の配本を総量規制した。

●——雑誌収益の維持の試み

こうした状況にあって、産業内では雑誌の需要減退をくいとめようとする試みがおこなわれている。

雑協は二〇〇七年三月に「雑誌名人発掘プロジェクトチーム」を発足し、十二月に雑誌の販売事例を集めた冊子「これで雑誌が売れる!」(5)を無償で五万部発行して全国の書店に配布した。また、取次各社も〇六年頃から書店での雑誌販売支援のプロジェクトを相次いで本格化させるなど、既存の雑誌市場を支えようとする動きが活発になっている。

こうした試みは市場の変化に対する対症療法的な措置であり、それによって本質的な解決が図られるわけではない。しかし、これまでほとんど手をかけなかった雑誌販売で、店頭で売り切れた雑誌を書店が追加補充したり、品切れになった雑誌を出版社が増刷するなど、市場の動向をより敏感にとらえたマーケティングを始めていることは、大量生産・大量販売の効率性を追求してきた雑誌メディアが、市場に合わせたコンテンツ提供へと変化しようとしていることを示している。これは雑誌がこれまで担ってきたマス媒体の役割を失うかわりに、より限定された市場に向けて、専門的に特化した内容を伝えるメディアになりつつあることを意味している。またそれは、雑誌に依存してきた出版産業の構造自体を見直さざるをえないということでもある。

デジタル雑誌

二〇〇七年は日本の〝デジタル雑誌（電子雑誌）元年〟といわれている。日本の電子出版の世界では、これまでも新しいプロジェクトや読書端末が登場するたびに、何度も期待を込めて〝元年〟といわれてきた。だが、電子雑誌に関するかぎり、これまでの〝元年〟とは違う響きをもっている。デジタルの影響を受けて産業基盤そのものが明らかに揺らぎ始めていて、デジタルへの転換が〝背に腹はかえられない〟状況になっているのだ。

具体的な動きとして、アメリカで拡大しているデジタル雑誌の配信を二〇〇七年春に富士山マガジンサービスが日本で開始したこと、および小学館が同年六月に創刊した本格的なオンライン雑誌「SOOK」がある。

富士山マガジンサービスは、インターネット上で雑誌の定期購読を受け付ける定期購読エージェンシーとして二〇〇二年に創業したベンチャー企業である。〇七年二月に開始したデジタル雑誌の配信サービス「Fujisan Digiral」は、紙の雑誌の組版データをそのままPDF形式でダウンロード販売するもので、アメリカのデジタル雑誌でトップシェアをもつZinio社と提携し(6)、同社のシステムをローカライズした。

このシステムの特徴は、組版データをそのまま電子雑誌にできるため、再加工などの手間があまりかからないことから、出版社が比較的容易に参加でき、また記事や広告に外部リンクや動画、音声といった活字・写真以外のコンテンツを付加して提供できる点にある。

スタート時には「ニューズウィーク日本版」（阪急コミュニケーションズ）やフリーマガジンの「Ｒ25」（リクルート）など二十八誌が参加し、その後、大手出版社の小学館も「本の窓」「和樂」などの雑誌で参加した。ただ、アメリカでは本来、広告主からデジタル版で追加の広告料金を得るビジネスモデルになっているが、日本では参加雑誌が増えても、なかなか広告料金の追加に応じる広告主はなく、読者へも浸透していないのが現状だ。

しかし、少なくともここに参加している雑誌はすべてデジタルで流通できる形になっていて、今後どのようなスタイルになるかは別にしても、デジタル化への準備が着々と進んでいることはまちがいない。(7) また、日本ＡＢＣ協会は今後、デジタル雑誌の配信数も部数公査の対象にすると決めているので、広告媒体として価値が認められる可能性もある。

他方、小学館は「Fujisan Digiral」で既存雑誌の電子版を提供するとともに、デジタルだけのオリジナル〝雑誌〟の創刊に踏み切った。二〇〇七年六月に創刊した「ＳＯＯＫ」は、インターネット上で読むウェブマガジンで、七つのライフスタイルコンテンツを月額七百五十円で閲覧できる。創刊時には、電子媒体の立ち上げとしては異例ともいえる総額三億円のプロモーション予算を投じたと言われている。

無料が当たり前というインターネットの世界で、あえて有料での配信を試み、あわせて広告集稿を図るなど、これまでに培った雑誌のビジネスモデルをネットで展開するというのが同誌のコンセプトであり、大手雑誌出版社による初の本格的なデジタルへの挑戦だといえる。現時点でこの試みが市場に受け入れられたとはいえないが、日本を代表する雑誌出版社が、資金と人材を投入してデジタルへの挑戦を始めた意味を軽視することはできない(8)。

また、雑協は二〇〇六年十月に販売委員会のもとにデジタル出版研究会を設置し、〇七年十二月までに十三回の会合を開いてきた。さらに〇八年十一月にはFIPP(国際雑誌連合)と共催でデジタル雑誌国際会議を開催することを決め、そのためのプロジェクトを発足させている。

個別企業でも、二〇〇七年には主要雑誌出版社がデジタル化を推進する部署を発足させるケースが目立った。そのなかで、大手マガジンハウスや扶桑社はいずれも過去にデジタル展開に失敗した経験をもっているが、その後の状況の進展が再チャレンジせざるをえないという判断に踏み切らせたのである。

このように、日本ではいままさに雑誌出版社による本格的なデジタル対応が始まっていて、その成否が出版産業の将来にとって大きな意味をもつことになると考えられる。

出版産業が克服すべき課題

ここまでみてきたように、日本ではデジタルネットワークの普及の影響が、出版産業の根幹を支えている雑誌メディアの需要減退という形で表れている。それを乗り越えるために産業的なさまざまなアプローチがおこなわれているが、以下に出版産業が克服すべき課題をあげてみたい。

①製造（出版社）、流通（取次）、小売り（書店）の各段階で雑誌販売の減少を補う収益源の確保が必要になる。

出版社は雑誌制作のノウハウを生かしたカスタムマガジンやデジタルコンテンツの制作などをおこなっているが、これまでの雑誌の収益を補うほどのものはまだない。

取次のなかにも出版業や小売業などへの多角化を進めている企業があるが、卸業の枠組みを超えた場合に既存の取引先との関係が悪化するというリスクを抱えている。また、現在でも上位二社の寡占が進んでいるなかで、上位企業が多角化によって巨大化し、下位企業との格差が広がれば、さらなる寡占による弊害を生むおそれもある。

書店では、書籍以外のメディア商品を取り扱うマルチパッケージストア化を進める企業が増える一方、中古書を併売する業態の模索も始まっている。しかしそこには、これまで異業種だった中古書店やほかのメディア小売りが新たな競合企業となるリスクがある。

②マス媒体ではなくなる雑誌に合わせた制作や販売の体制整備が必要になる。

雑誌の最盛期に作られた企業規模を縮小させることには、難しい経営判断が伴う。

③雑誌の収益に依存してきた書籍出版が自立するためのビジネスモデルを構築する必要がある。

日本の書籍は国際的に比較すると価格が低水準に抑えられていて、流通・小売りのマージン率が低いため、現状では書籍単独で流通させるのは難しい。そのため買い切り条件や返品に制限を設けるなどの「責任販売制」がいくつか試みられているが、一般化するまでには至っていない。また、近年の低価格化の進行は、ますます書籍の自立を難しくする要因になる可能性がある。

④デジタルコンテンツで収益を上げるビジネスモデルを構築する必要がある。

デジタルネットワークは、既存の出版産業が産業たりうるために保持してきた情報発信のためのノウハウの必要性とコストがもともと低く、従来の出版社が優位性だとは言えない。多くのコンテンツが無料で提供されるという流れのなかで、コンテンツを有料で販売するビジネスモデルを成立させることができるのか疑問視されている。ネット広告は成果報酬型などが多く、従来のような誌面のスペースを高額で販売する広告に比べて効率が悪い。

デジタル化の進展はあらゆる産業にパラダイムシフトをもたらしている。日本の出版産業では、産業を支えてきた雑誌の需要が減退するという根本的な部分でそれが顕在化し始めている。現在の出版は産業化によって著作物の再生産構造を維持してきた。したがって今後も産業の枠組みがどのように変化していくのかを注視し続けるとともに、検証を重ねていく必要がある。

注

(1) J・K・ローリング『ハリー・ポッター』シリーズ、松岡佑子訳、静山社、一九九九―二〇一三年

(2) 川井良介『出版メディア入門』日本評論社、二〇〇六年、六一ページ

(3) 同書六六ページ

（4）「日本の広告費」（http://www.dentsu.co.jp/books/ad_cost/2011/index.html）
（5）「雑誌名人発掘」プロジェクト編『これで雑誌が売れる！』日本雑誌協会、二〇〇八年
（6）富士山マガジンサービスは二〇一〇年に Zinio 社との提携を解消し、独自開発のビューアーでサービスを継続。Zinio 社は一時ソニーと提携したが、この提携も解消して単独でサービスをおこなっている。
（7）日本ABC協会は、二〇〇八年上半期（二〇〇八年一―六月）の「発行者レポート」からデジタル雑誌の販売部数の発表を開始した。
（8）「SOOK」は創刊から一年あまりの二〇〇八年九月三十日で休刊となった。

参考資料
全国出版協会出版科学研究所編『出版指標年報』全国出版協会出版科学研究所、二〇〇八年
「出版月報」各号、全国出版協会出版科学研究所
トーハン・コンサルティング編『書店経営の実態』二〇〇七年版、トーハン、二〇〇七年
経営相談センター編「二〇〇七書店経営指標」第四十五号、日本出版販売、二〇〇七年
小学館、講談社、集英社、トーハン、日本出版販売、大阪屋、太洋社の決算資料（「文化通信」各号）

（初出：「出版研究」第三十九号、二〇〇八年）

2　不況の大手出版社を支える「その他」部門とは何か

講談社、小学館、集英社の二〇〇八年度決算は、講談社と小学館は税引き前利益で赤字、集英社も最終利益は確保したものの、営業損益の段階では損失を計上した。これまで日本の出版業界を牽引してきた大手出版社三社がいずれも利益を確保できないという事態は、出版産業の従来型事業モデルが収益力を失っていることを如実に表している。

いずれの出版社も書籍、雑誌（コミックも含む）、広告の各部門で減収となったが、特に広告収入の低下が顕著だ。講談社の広告売上高は前期比一〇・二％減、小学館は一三・九％減、集英社は一六・七％減といずれも二桁の減収となっている。

大手出版社は、雑誌に掲載する広告、そして、マンガ雑誌の連載から生み出されるマンガ単行本が大きな収益源だった。なかでも女性誌などの広告料金は一ページ数百万円と高額で、コストパフォーマンスが高かった。これが、二〇〇八年からの世界不況の直撃を受け、国内企業の広告だけではなく、海外の高級ブランドの広告も減少した。

また、広告収入を支えてきた雑誌の販売市場も、ここ十年あまり急速に縮小していて、媒体としての力が低下している。しかも、インターネット広告が二〇〇七年には雑誌広告の金額を超えるまでに成長していて、仮に今後景気がよくなったとしても、かつてのような雑誌の黄金時代は望むべくもない。まさに、昨日までの高収益源が、過去の栄光になろうとしている。

●集英社では一七・八%増、年間百五十億円の売り上げ

その一方で、各社とも売り上げを伸ばしている部門がある。それは、「その他」だ。「その他」とは、出版社によって多少の違いはあるが、マンガなどの映像化権や海外版の出版権、キャラクターを使った商品化権などの権利ビジネスと、マンガのケータイ配信などデジタルビジネス、またはインターネットでの通信販売を含めている社もある。要は書籍や雑誌の販売と広告以外の収入だ。

大手三社の二〇〇八年度決算で「その他」をみると、講談社は全売り上げ千三百五十億五千八百万円のうち「その他」は八十一億八千九百万円で約六%、小学館は千二百七十五億四千百万円のうち百二十四億八千八百万円で約一〇%、集英社は千三百三十二億九千八百万円のうち百五十億四千万円で約一一%に達している。講談社は前年比六・二%増、小学館は三・九%増、集英社は一七・八%増となっている。

各社ともこの部門はここ数年で三割から五割増と大きく伸びている。なかでも集英社は、広告収入の金額（百五十八億七千八百万円）に迫っていて、いまも同様の傾向が続いていることを考えると、二〇〇九年度は広告と「その他」の売上高が逆転する可能性も高い。

「その他」部門を育てた小学生誌やマンガの伝統

ちなみに、俗に「一ツ橋グループ」と呼ばれる小学館と集英社（集英社は小学館の関連会社で、両社とも〝一ツ橋〟と呼ばれる東京・千代田区の神保町界隈に隣接して本社を置いている）の「その他」収入が大きいのは、小学館は小学生向け学年誌の伝統があり、集英社はコミック界のトップブランドである「週刊少年ジャンプ」を擁する出版社なので、キャラクターを生み出しやすく、権利ビジネスの経験も豊富だという背景がある。

海外への展開でも、小学館は二十年以上前の一九八六年に、サンフランシスコにＶＩＺというマンガ専門出版社を設立した。

いまでこそ〝マンガ〟は世界中に広まっているが、当時のアメリカでは一部マニアの市場だった。しかし、ＶＩＺはその後、集英社などの出資も受け、「一ツ橋グループ」のコンテンツを扱う会社として、『ポケットモンスター』や『遊戯王』などのヒットもあり、全米最大のマンガ出版社に成長。さらに、上海やヨーロッパにも進出している。

一方、講談社の海外展開はさらに早く、一九六三年に講談社インターナショナルを設立して英語出版に着手した。その目的は「日本文化を正しい英語で海外へ」という、どちらかというと文化発信にあった。しかし、二〇〇八年春、アメリカに新会社を設立し、マンガをはじめとしたコンテンツビジネスの展開を本格化させるようだ。

かつて、日本の出版物を海外に輸出することについて、出版業界のなかには「日本語の壁があって難しい」という否定的な見方が多かった。文化は海外（欧米）から入ってくるものという固定観念と、国内市場で十分に食える環境にあったためだろう。ところが、出版社の消極的な姿勢にもかかわらず、マンガなどを面白いと感じた海外の人々の需要によって、日本コンテンツの市場は拡大してきた。

また、十分に食えてきたはずの環境が変化したことによって、出版社も悠長なことを言っていられなくなった。雑誌の市場縮小と急激な広告収入の減少は、いままでそれほど重視してこなかった海外やデジタルといった「その他」部門に、本気で取り組まざるをえない状況を作ったのだ。

デジタル展開でも、ここ数年、マンガの携帯配信市場は拡大していて、集英社の携帯配信「マンガカプセル」は前期、初めて営業損益が黒字化した。

これらのことは、出版社にとって、国内外での権利ビジネス、契約、デジタル技術といった、従来の出版活動（特に編集）にはあまり必要とされてこなかったノウハウやスキルを要求されることを意味する。しかも、そうしたスキルをもっている異業種や海外勢との競争にさらされることにもなる。

大手出版社が今後も企業として生き残っていけるかは、「その他」部門をどれだけ拡大できるかにかかっているし、あるいはこうしたビジネスが得意な参入者が、出版産業の次の時代を切り拓いていくのかもしれない。

（初出：「Journalism」二〇〇九年十月号）

第2章　出版流通・販売の変化

1　デジタル技術が変える出版流通

出版産業の流通・販売段階でのデジタル技術の導入は一九八〇年代から始まり、九〇年代に急激に拡大した。広範なネットワークを利用するデジタル技術は、販売現場である書店と生産現場である出版社が市場の情報を共有することによって、生産・在庫・物流の効率化を実現しようとしている。戦後の出版産業は、大量に生産した出版物を一方的に供給する低コストの流通システムによって発展を遂げたが、デジタル技術はこの仕組みを根本的に変えるものだ。

本節では、主に一九九〇年代から現在までの書籍の流通・販売に導入されたデジタル技術とその利用方法を通して、日本の出版産業がどのような変化を遂げつつあるのかを考察する。具体的には、出版社・取次・書店間での電子情報交換（ＥＤＩ）、小売り段階でのＰＯＳ（販売時点）情報の収集とその生産段階での活用、そしてインターネットとオンライン書店が取次システムにもたらした影響の三点についてみていきたい。

出版産業のEDI（電子情報交換）

ＥＤＩ（Electronic Data Interchange）とは、電子化した情報を異なる企業・団体間で交換することであり、コンピューターと通信回線を使ったＶＡＮ（Value added network＝付加価値通信網）やインターネットを介しておこなわれている。

やりとりされる情報の内容から出版産業のＥＤＩをみると、①企業間で取引・決済の情報を交換する、②出版社が生産した出版物の商品情報（書誌情報）や保有する在庫の有無を取次・書店に提供する、③書店で発生したニーズを取次・出版社に伝えるという形がある。言い換えれば、①は「取引・商流情報の交換」、②は「生産者情報の市場への提供」、③は「市場情報の生産者への提供」と表現することもできる。

これを交信主体という面からみると、出版社・取次・書店という、出版産業のプレイヤーそれぞれの間でＥＤＩが発生する。その形態は多様で、例えば、出版社・取次間のＥＤＩには、個別企業間でおこなっているもののほかに、複数の出版社と取次が接続する新出版ネットワーク（旧・出版ＶＡＮ）があり、書店・取次間では、取次各社が独自に運営するＶＡＮやインターネットサービスなどがある。

これらを整理して、出版産業のＥＤＩの流れをみると、当初は短冊（スリップ）・電話・ファクスなどでおこなってきた情報交換の合理化を目的に、まず個別の取次―出版社、取次―書店間での受・発注や納品データの交換（取引情報の交換）がＥＤＩに移行した。

次に、出版社が書誌情報や在庫情報を取次・書店を経由して市場に提供するＥＤＩが始まり、最後に書店が市場情報を出版社に提供する流れが構築された。すなわち、情報の流れは「企業間」から始まり、「生産者→市場」、そして「市場→生産者」へと拡大しているのだ。

こうした変化は、デジタル技術の普及と密接に結び付いている。小規模企業が多い書店や出版社でも導入可能なコンピューターやＰＯＳレジ端末、そしてインターネットの普及によって、情報の収集と交換が容易になり、当初は大企業間の情報交換を効率化する目的で利用されていたＥＤＩを通じて、出版社や取次が個々の書店店頭の販売状況を把握することができるようになった。

さらに、インターネットで書籍を販売するオンライン書店は、消費者の欲求や購入状況を直接、しかも迅速に把握し、その情報を電子データとして蓄積している。そうした状況は、かつての出版流通で主流だった、一方的に商品を供給するという仕組みとは根本的に異なるものだ。以下では、こうした出版産業のＥＤＩを具体的にみていく。

▼取次―出版社間のＥＤＩ

出版社と取次の本格的なＥＤＩのさきがけは、一九八六年に農山漁村文化協会（以下、農文協と略記）と東京出版販売（一九九二年に社名を現在のトーハンに変更。以下、すべてトーハンと表記）の間で始まった受・発注データの交換だ。トーハン側が注文情報をオンラインで提供し、農文協は在庫照会情報を返すというものだった。

現在でも、一般的な注文情報の交換は紙媒体でおこなわれている。書店が販売した書籍を補充する場合には、書籍に挟み込まれている短冊の「注文書」を使い、店頭にない書籍を顧客が注文する「客注」でも、短冊と同様の客注用伝票を使っている。

いずれも書名や注文冊数などを記入した紙片であり、取次はこの紙片を書店から回収し、出版社別に仕分けして、自社で在庫があるものは出荷し、ない場合は出版社に短冊を送る作業をおこなう。出版社は送られてきた短冊を当該商品に挟んで取次に納品し、取次から書店を経て読者の手元に届けられる。また、書店が電話で直接、出版社に注文する場合でも、出版社が短冊に書店のコードなどを記入し、取次に搬入するケースが多い。

この間、短冊は仕分けと移動を繰り返すため、注文情報がそれぞれに届くまでに多くの人手と時間を要し、途中で紛失するといった事故が発生する可能性もある。当初、ＥＤＩはこの注文情報のやりとりを省力化・迅速化することを目的にしていた。

特に複数の書店・出版社と取引がある取次の場合、日々大量の注文情報を処理しなければならないので、短冊や電話、ファクスで集まる情報を電子化し、コンピューターで処理することは業務の効率化に直結する。そのため、ＥＤＩの導入効果が高い取次が、一九八〇年代に書店向けにオンライン受・発注システムの提供を始め、大手出版社に対してもＥＤＩ実施を呼びかけ始めた。これがきっかけになって、出版産業のＥＤＩに向けて各種の基盤整備をめざす「出版ＶＡＮ」が構想されるようになった。

▼出版VAN構想

出版VANと呼ばれた業界EDIの構想は、大手出版社の講談社と大手取次のトーハン、日本出版販売（以下、日販と略記）、大阪屋、栗田出版販売（以下、栗田と略記）の間で計画されたEDIに端を発する。講談社はこの計画を業界全体のEDIに発展させるため、一九九〇年、ほかの取次や出版社に参加を呼びかけ、小学館、新潮社、徳間書店が加わった。

翌年にはこれら大手出版社十三社が発起人になり、任意団体として出版業界VAN連絡会（以下、連絡会と略記）を立ち上げている。連絡会は、各出版社の中堅営業担当者が中心になった、有志の集まりだった。

この構想は当初から、業務用のネットワークを作るだけではなく、読者へのサービス強化までを見据えた、出版産業の情報基盤整備を目的に掲げていた。一九九一年七月に連絡会がほかの出版社や取次、書店の参加を募るためにまとめた小冊子『出版業界VAN』[1]には、「出版流通内部に「競争の原理」が導入され、読者ニーズに対応できる出版流通のシステムが構築されることを期待する」「失われようとしているエンドユーザー（読者）の信頼をとりもどすにはどうしたらいいか、というその一点から、出版VANはスタートする」と、この構想の目標が記されている。

出版VANを運営する組織自体はその後、変転していくが、連絡会は初めて出版業界に「産業基盤」=「インフラストラクチュア（インフラ）」という言葉を持ち込み、このインフラ整備を目標に掲げた。これは現在の日本出版インフラセンター（以下、JPOと略記）の活動などに引き継がれていて、出版VANがその後の出版産業の情報化の進展にあたって、理念形成に重要な役割を果たしたことを物語っている。

そうした視点からとらえた場合、出版ＶＡＮ構想には特徴が二つあった。一つは読者サービスを目標にしたこと、すなわち読者から不満が多かった既存の書籍流通への批判からスタートした点。もう一つは出版社が取次だけではなく、書店にも直接情報を提供するという開かれた組織をめざした点だ。

当初、連絡会には日本書店商業組合連合会（以下、日書連と略記）や大手書店も参加していて、ＥＤＩのスタート時には、実際に日書連の組合員書店向けネットワーク書店情報システム BIRD-NET とも接続されていた。

出版社が直接書店に情報を提供しようとしたことは、連絡会に集まった出版社有志が、デジタル技術を使って既存の書籍流通の枠組みを乗り越えようとする、かなり意識的な試みだった。それは、巨大な取次が中心になっている、出版産業の構造そのものに対する批判だったということもできる。

出版ＶＡＮはその目的を達成するために、まず取次や書店に出版社の在庫情報を送信することから着手した。それまで、取次に在庫がない商品への注文情報は、いったん出版社に送られ、出版社が出荷するか品切れだと連絡するまで、取次は注文品の在庫有無さえわからなかった。そのため、書店店頭では顧客から注文を受けて数週間後に品切れだったと返答しなければならないことも多く、トラブルの原因になっていた。

しかも、在庫情報の開示をためらう出版社も多かった。一口に出版社といっても、文芸書や実用書、専門書など刊行ジャンルによって商品の特性が違い、一週間で十万冊を販売する本から、一年間で十冊も動かない本まで多様だ。そのため在庫に対する考え方も異なり、残部が三百冊を下回れば「品切れ」と表現する出版社がある一方で、あと五冊でも「在庫あり」と表現する出版社もある。連絡会はこうした出版社ごとの在庫政策を調整し、在庫の状態を示す二十あまりの「在庫ステイタス」を作成することで、一九九一年から在庫情報の開示を実現した。

その後、一九九三年に講談社と大阪屋の間で出版VANを使った受・発注データの交換が開始され、本格的なEDI時代の幕が開いた。

▼産業構造を変えようとした出版VAN

出版VANは現在に至る出版産業の情報化に先鞭をつけ、その後のEDI環境を整える役割を担ったが、組織的には不安定な状態が続いた。当初、有志で結成した連絡会は早々に正式な業界団体である出版VAN運営協議会に移行する予定だったが、出版社と取次の確執によって、結局、運営協議会が設立されることはなかった。

先にも述べたように、この構想はもともと取次側が出版社にもちかけたものだったが、出版社の主導によって書店も含めた組織となった。これに最大手取次のトーハンが反発し、連絡会に加わることを拒否したのだ。

その後、議論は平行線をたどり、日本書籍出版協会（以下、書協と略記）理事長だった服部敏幸（当時の講談社会長）が、日本出版取次協会（以下、取協と略記）会長だった遠藤健一（当時のトーハン会長）に取次主導による運営を提案して参加を呼びかけるなど、業界団体が収拾に乗り出す事態になった。

その結果、一九九四年に連絡会は解散し、日書連の「BIRD-NET」をはじめとした書店との接続を切り、書協と取協の委員会で運営することになった。この段階で、当初出版VAN構想を立案し、推進してきた出版社担当者の多くが組織を離れた。

この経緯からも、当時のトーハンが加わらなかった理由が書店の参加だったことはほぼまちがいない。当時、連絡会が作成した資料「ある販売会社の疑問に答える」(「文化通信」一九九一年七月一日付)をみると、連絡会側もそれをはっきりと認識していたことがわかる。連絡会の主要メンバーには、出版産業の情報流通を特定の企業が独占することへの強い反発があった。これは、トーハン、日販という二大取次をはじめとする少数の取次が、書籍・雑誌の流通で圧倒的なシェアを握っている状況に対する疑問でもあり、彼らはより開かれた出版流通に転換していくためのきっかけとして、恣意が入りにくいデジタル技術であるEDIを位置づけていたと考えることができる。

デジタル技術の登場は、多くの産業で流通の中抜きといった産業構造の変化を引き起こしているが、出版VANは、出版産業でそうした変化を起こそうとする動きだったといえる。

▼インターネット利用と新出版ネットワーク

その後の出版VANは、主に取次が接続出版社を拡大するという実務的な動きが中心となり、インフラ整備という産業的な課題を議論する役割は後退した。

そうしたなかで、最も積極的に接続出版社を拡大した日販は三百社以上の出版社から在庫情報を受け取り、オンライン受・発注をおこなう出版社も増やしていった。とはいっても、ある程度主要出版社との接続が完了すると、それ以上の拡大は難しくなった。ＶＡＮ接続には導入経費がかかるため、小規模出版社では躊躇するところが多かったためだ。

しかし、読者が求める多様な出版物の注文に応えるためには、中小規模も含めてなるべく多くの出版社から在庫情報を得る必要がある。そのため、日販は中小出版社に対して、インターネットのメールで在庫情報を提供できる仕組みを提案し、情報提供出版社の拡大を図った。さらに二〇〇〇年からオンライン書店「Ａｍａｚｏｎ」との取引を開始した取次の大阪屋も、「Ａｍａｚｏｎ」の要求に応えるために、出版社に向けてメールでの在庫情報提供を呼びかけ始めた。

ただ、両社の呼びかけはそれぞれ独自に定めたフォーマットによるものだったため、出版社からは個別の対応への疑問の声もあがった。さらに取次の内部からも、各社が固有のフォーマットで情報収集を続ければ、対応できる出版社が限定されてしまうと懸念する声があがった。

こうした状況を受けて、かつて出版ＶＡＮに関わった出版社の担当者が中心になって、インターネットによるＥＤＩ（WEB―ＥＤＩ）の標準化を進める動きが始まった。当初は有志が集まる検討会としてスタートしたが、やがてここで検討された内容が取協に持ち込まれ、出版ＶＡＮの機能をインターネットプロトコルで実現する、取次主導による「新出版ネットワーク」構想へと発展する。

さらに、小規模出版社の多くは在庫管理と取次への入出庫を倉庫業者に委託しているため、こうした倉庫業者の在庫情報を取次や書店に提供する構想が生まれた。二〇〇三年八月、小学館などの一ツ橋グループの物流会社である昭和図書が呼びかけ、倉庫業者二十五社が集まって、出版倉庫流通協議会が設立された。この協議会では、各社の在庫管理レベルの引き上げにとどまらず、インターネットの環境を整えるといったインフラ整備、各社の在庫データを集めてインターネットで開示する「倉庫ネット」の構築、そして将来的には市場情報も把握して在庫の適正化を図るサプライチェーン・マネージメント（SCM）まで想定している。

インターネットが普及したことによって、EDIはより容易になり、多くの出版社と書店の参加が可能になったのだ。

販売データの収集と利用

冒頭にあげたEDIのタイプでいうと、これまで①「取引・商流情報の交換」と②「生産者情報の市場への提供」をみてきたが、以下では③「市場情報の生産者への提供」についてみていきたい。

ここでいう市場の情報とは、書店など小売り段階で消費者が出版物を購入した記録＝販売データを指す。販売データは消費者の需要を把握するためになくてはならない情報だが、かつては販売した書籍から抜き取った短冊の売上カードを、書店が出版社に郵送するといった手段で回収していた。近年、書店にPOSレジが普及したことで、データの収集は電子的におこなわれるようになり、その精度と速度は飛躍的に向上した。いまでは、書店から収集したPOSデータに基づいて増刷の時期や部数を決定するといった手法が、多くの出版社でおこなわれている。そのことによって、出版物の販売方法はもちろんのこと、生産・供給の方法にも変化をもたらしている。

▼出版社による販売データの収集

かつては、書店から売上カードを回収するために、主要出版社の多くが、書店へのインセンティブとして売上カード一枚あたり一、二円程度の報奨金を支払っていたが、売上カードを送るかどうかはあくまでも個々の書店の意志に任されていた。また、書店側は売上カードを溜めて、年に一回程度のサイクルで送付していたため、収集されたデータはリアルタイムのものではなかった。この方法は、市場のニーズを把握するというよりは、出版社が自社商品を販売した書店に報いるとともに、その書店の販売力をみて、新刊書を配本する場合のランクを決めるために使うという意味合いが強かった。

この売上カード回収の精度と速度を向上させようとしたのが、講談社が一九八六年に開始した「DC-POS」だ。これは、講談社の売上金額に占めるシェアが三〇%になる全国の約四百五十書店から宅配業者が売上カードを回収し、高速の読み取り機で電子データ化することで、書店頼りだった売上カード回収を定期的かつ迅速におこなおうとしたものだ。回収書店のうち五十六書店からは毎日、百十六店からは週一回、三百三店からは一カ月に一回回収していた。

こうして回収した販売データは、増刷のための需要予測に用いられた。それまでは書店からの注文数をみながら増刷のタイミングと部数を決めていたため、書店から見込み注文が多いと、実際の需要とのズレが生じてしまう。つまり、実際の売れ行きをつかまないまま、まさに〝勘〟と〝経験〟に頼って増刷をしていたのだ。「DC-POS」は、販売データを収集することで、より合理的な増刷判断をおこなうのが目的だった。

「DC-POS」に続き、一九九〇年三月には小学館が「しょうたくん」、同年十一月には河出書房新社、文藝春秋、新潮社、筑摩書房など書籍系の出版社十社が共同で「レインボーネットワーク」を立ち上げるなど、売上カードの回収システムは拡大した。

しかし、宅配業者が回収して、紙媒体から電子データを作成するためには、大きなコストがかかる。「DC-POS」の場合、回収だけで一書店あたり千円のコストがかかり、さらに電子化やデータ管理のコストも合わせると、年間で億単位の費用が発生していた。そのため各システムとも、日次回収の対象書店は数十店程度にとどまり、共同回収組織だった「レインボーネットワーク」は、参加出版社を増やすことができないという問題も抱えていた。また、いくら速くなったとはいえ、売上カードを回収してから電子データとして利用できるまでには五日程度を要したので、新刊が急激に売れ行きを伸ばすといった状況には対応できなかった。

その後、書店にPOSレジが普及するのに伴い、一九九八年一月に「レインボーネットワーク」が、同五月に「DC-POS」がそれぞれ売上カードからPOSデータの収集に切り替えた。これにあわせて、「DC-POS」は太田出版、集英社、草思社なども加わって共同収集組織「TTCネット」に姿を変え、「レインボーネットワーク」も「Pネット」と名称を変えて、一年後には参加出版社が八十社に拡大した。二〇〇三年現在、両グループに加わってPOSデータを収集している出版社は百五十社を超え、データを提供している書店は四千店を超えている。収集サイクルは日次の書店と月次の書店があるが、書籍出版社にとって、データ提供書店の市場シェアは相当な割合になっている。

▼書店へのPOSレジの普及

こうしたデータ回収を可能にした書店へのPOSレジの普及は、一九八〇年代に拡大した郊外型チェーン書店から始まった。チェーン書店は、商品構成やサービスの質を標準化するチェーン・オペレーションを導入することで、出店や運営のローコスト・オペレーション化を図った。この業態が、人件費の削減や販売データに基づいた定番化、自動発注などを目的に、POSレジの導入を進めたのだ。

また、取次各社も書店向けのSA(ストア・オートメーション)システムを開発していた。一九八四年にはトーハンが「TONETS」、日販が「NOCS」の提供を始め、取引書店とのオンライン受・発注を開始し、その後、POSレジの提供も始めた。こうした取次系のSAシステムによってPOSレジを導入する書店も増えた。

その後、POSレジはハードウエアが安価になっていったため、普及がさらに進んでいく。特に、一九九三年に大型書店のジュンク堂書店と取引取次の大阪屋、レジスター会社の日本NCRが共同で大型書店用POS「J-POS」を開発したことが、大型書店へのPOSレジ導入を加速させた。このシステムでは、繁忙期にレジが混雑する大型店舗用として、キャッシャー機能をもつ親レジのほかに、カウンターに小型端末(子POS)を複数台置く百貨店方式を採用している。一般的に、大型書店は複数の取次と取引しているため、単独の取次のSAシステムを導入することはできなかったが、大型店でも利用できる非取次系システムの登場で、POSレジの導入が可能になったのだ。

さらに、一九九七年の消費税率変更によって、旧税率の内税表示の商品を新税率で処理する必要が生じたため、結果的にバーコードを読み取って自動計算できるPOSレジが広く普及することになった。もちろんその前提には、八一年に書籍の商品コードとしてISBNコードの付番が始まったことがあり、九〇年からISBNコードが書籍JAN二段バーコードで表示され、ほかの一般商品にみられるバーコードが書籍にも普及した。それに応じるように読み取り機の価格が下がったことも、書店へのPOSレジの導入を容易にした。

その結果、流通システム開発センターが二〇〇一年におこなった「JAN型POSシステム導入実態調査」によると、書店でのPOSシステムの導入率は五〇%に達している。サンプル数が極端に少ない調査なので信頼性に疑問も残るが、専門小売り全体の二九・六%に比べて高い値になっている。

また同調査では、POS売り上げ情報を出版社などに提供している書店の割合は八七・五%に達し、これは他業界に比べてきわめて高率である。この数字は、POSレジ導入書店の多くが「TTC」や「Pネット」によるデータ収集に参加していることを物語っている。

▼書店の戦略的な販売データ開示

出版社による販売データの収集とは別に、書店側が積極的かつ戦略的に販売データを出版社に開示する動きもある。

一九九五年十二月に紀伊國屋書店は販売データ開示システム「Publine」をスタートさせた。月額十万円の使用料を支払えば、同社のPOSレジ導入店舗の前日までの販売データを、専用端末を導入した出版社が閲覧できるサービスで、使用料にもかかわらず、サービス開始当初から五十社以上の出版社がこのシステムを導入した。データは単品別・店舗別にみることが可能で、一定期間の日別推移などを分析することもできる。それまで、書店のPOSデータの分析に対しては、「一度売れた本は二度と売れない」「本は一般の消費財とは違う」といった批判的な意見が多かったが、当時、ベストセラーを連発していた草思社の成功事例などによって、市場の動向を把握して販売・宣伝をおこなうマーケティング手法が、書籍販売に有効であることが証明された。

さらに、紀伊國屋書店は二〇〇一年にこの機能をインターネットで利用できる「PublineWeb」のサービスを開始した。それにあわせて、利用出版社が他社商品の販売状況を閲覧できるメニューも加えた。書店がこうしたデータを出版社に開示したのは初めてのことであり、販売データはあくまでも書店側の意志で開示しているという姿勢を明確に示している。

同社に続き、大手チェーン書店の文教堂が一九九八年に「BigNet」、平安堂が九九年に「BRAIN」、さらに三洋堂書店、明屋書店などの大手チェーンも同様にデータ開示を始めている。出版社側の販売データ回収が多対多によって効率を上げようとしたのに対して、書店側からのデータ開示は一対一の関係を基本にしている。これはデータ開示が単なるマーケティングデータの提供にとどまらず、その見返りとして、ベストセラー商品などの潤沢な供給を求めているからだ。このことを最も明確にしていたのは、文教堂の「BigNet」だ。同社の嶋崎富士雄副社長はサービス開始当初から、このサービスは出版社とのパートナーシップを強化するための戦略的なツールであると強調していた（「文化通信」一九九八年三月九日付）。同社はその後、角川書店との間で受・発注データのEDIにも着手するなど、独自の商品調達までも見据えた試みを展開している。

出版VANでは、取次の反対によって出版社と書店との直接のEDIが断念されたが、連絡会が解散した翌年に「Publine」のサービスがスタートし、一気に書店による出版社への販売データの提供が拡大したのは皮肉な結果だ。デジタル化は現実世界の枠組みや既存システムを維持しようとする動きよりも速く進行していて、書店側がそれを実利的かつ戦略的に利用していったのだ。

▼供給のイニシアチブ

一方、ほかの流通業界では、このような形で小売店が販売データをメーカーなどに開示するケースは少ないようだ。小売店にとって自社の販売データは重要な戦略情報であり、仕入れ交渉時にその一部を示すといった利用はあっても、日々のデータを無条件に提示することはない。出版業界でこれほど販売データの開示が進んだ理由は、「委託扱い」「見計らい配本」という商品供給のシステムにある。

出版産業の商品供給は、出版社と取次が決める。新刊は取次がジャンルごとに割り出すパターンによって書店への配本部数が決定される「パターン配本」か、出版社側が取次に配本書店と部数を指定する「指定配本」で供給される。

一方、既刊書の補充注文は、本来は買い切り条件なので注文数をそのまま（満数）出荷するのが基本だが、売れ行き良好で在庫部数が少ない場合には、出版社は「調整」と称して書店からの注文部数を減数する。したがって、書店側が確実に商品供給を受けるためには、売れている証拠として販売データを開示する必要がある。「一週間でこれだけ売れた」という数字を示せば、出版社は数字を示さない書店よりも優遇する。つまり、出版産業では商品供給のイニシアチブを出版社が握っているために、書店の販売データ開示が進んだといえる。

▼販売データの活用

書店から収集した販売データは、出版社の販売手法や制作段階にも大きな影響を与えている。特に大型のベストセラーには、データ活用の効果が明確に表れる。もちろん、ベストセラーの誕生には作品の内容、マスメディアのパブリシティーなどさまざまな要素が絡んでいるが、ベストセラーになる可能性がある商品を的確に販売する方法自体も格段に進歩している。

創業から六十四年を迎える筑摩書房（一九四〇年創業）では、一九九八年から二〇〇〇年の数年間に『老人力』(2)『金持ち父さん貧乏父さん』(3)といったベストセラーが集中して生まれたが、その背景として、販売データの利用を無視することはできない。

『老人力』は四十七万部に達し、三十六万部で創業以来最大のベストセラーだった『不良少女とよばれて』(4)の記録を塗り替え、『金持ち父さん貧乏父さん』は同社初のミリオンセラーになった。

データの効果は、ベストセラーになった商品の増刷部数にはっきりと表れている。『不良少女とよばれて』は、テレビドラマ化されてベストセラーになったが、このときの増刷は一回に三千部から五千部だった。一方、『金持ち父さん貧乏父さん』は発売四日目に三万部、その後、ほぼ毎週二万部から三万部を増刷し、売れ行きが伸びると十万部単位での増刷を繰り返した。

これは、同社が「Publine」と「Pネット」のデータをみていたことで可能になった。発売以降、「Publine」で販売部数を日々チェックして、そこから全国での売れ数を推定する。売れ足が早く、品切れになりそうだと判断すれば、推定した必要部数を増刷する。同社は「レインボーネットワーク」の時代から販売データを蓄積してきたため、出版物の傾向と販売データの動きから、その後の販売推移をある程度見通すことができた。データの活用によって、思い切った増刷が可能になったのだ。

さらに、「Pネット」によって四千書店から日次・週次・月次の販売データを収集しているため、リアルタイムではないが、市場在庫の量もある程度把握できる。その結果、百万部を大きく超えた『金持ち父さん貧乏父さん』でも、返品は累計で七万部ほどにとどまっている。

一方、一九九九年に大ベストセラーになった講談社の『五体不満足』[5]は、一回の増刷で五十万部という最多増刷部数を記録した。これも「Publine」のデータから全国の売れ数を推定し、増刷を決断したといわれている。こうした数字は、書店からの注文短冊の枚数をみながら勘と経験で増刷部数を決めていた時代には信じられない量だ。

▼EDIと市場データの影響

こうしたデータ活用が進むことによって、出版社では初版部数が少なくなり、増刷部数が増えたという。つまり、初版でテストマーケティングし、需要があれば直ちに思い切った部数を作成して市場に供給する戦略が可能になったのだ。かつて出版社は、売れる見込みがある新刊は補充が追いつかないので初版を大量に作り、売れだしても書店の見込み注文を恐れてなかなか増刷しないという、市場の需要とは無関係の制作体制をとらざるをえなかった。そのことを考えると、隔世の感がある。

また、データの効果は商品供給のイニシアチブにも影響を与え始めている。これまでの出版流通は、出版社が配本のイニシアチブをもち、それに基づいて取次が市場全体をコントロールするという形をとってきた。そのため、市場のニーズよりも生産側の意向が優先され、その結果、出版社は市場のニーズを把握するための努力をあまりしてこなかったといえる。

書店の販売データはそうした流れとは逆に市場のニーズを出版社にもたらした。それによって、一部の出版社は新刊書の発行部数や増刷政策を変更している。これまで以上に市場を意識した生産体制に移行し始めているのだ。

▼取次の変化

さらに、取次も大きな変化を遂げようとしている。これまでみてきた流れでは、旧来の枠組みを守ろうとしてきたようにみえる取次だが、一九九七、九八年を境に、大きく変わりつつある。そこにもデジタル技術が大きく関わっている。

これまでも何度か指摘してきたように、取次は、出版社が作成した出版物を書店の規模や立地などに応じて配本し、店頭で売れずに返品されてきた商品を出版社に送り返すという作業を繰り返してきた。出版物は単価が安く、取次の収入になる手数料（口銭）はわずかなので、大量に商品を扱い、その繰り返しの工程を効率化することで利益をあげてきた。そのため、できるだけコストをかけず、在庫をもたないことが、収益をあげるうえで重要なテーマになっていた。

この仕組みは、市場が拡大し続けている時期にはきわめて効率的にはたらいたが、市場の力が落ちてくるとロスが増える。市場の動向をつかむ努力をしてこなかったので、適材適所の供給体制ができていないのだ。そのため、出版物の市場が低迷し始めた一九九〇年代の後半からは高水準の返品率が続き、トーハン・日販の両社は送品量を抑制するようになった。しかし、需要動向がみえないままで送品量を抑制しても、返品量は減るが、返品率が劇的に下がることはない。むしろ縮小均衡に向かってしまう。このことに危機感を抱いた両社は、ともにそれまでの考え方を転換した。つまり、市場の需要に合わせた供給システム作りである。

▼オンライン書店との出会い

もう一つ、当時の取次に大きなインパクトを与えたのは、インターネットとそれを利用したオンライン書店の登場だった。インターネットの普及に伴って、一九九五年から図書館流通センター（以下、TRCと略記）や大手書店の丸善がオンラインでの書籍販売を始め、その後、紀伊國屋書店、書籍宅配業者のブックサービスなども同様のサービスを開始し、九九年に「イー・ショッピング・ブックス」（イーエスブックス）、二〇〇〇年にはBOLジャパン（bol.com。その後、撤退）、「ブックワン」（bk1）、「Amazon」といった専業のオンライン書店が相次いで開業した。

これらのオンライン書店も書籍の商品供給を取次各社に求めたが、その要求は一冊ずつの単品発注への対応と迅速で確実な商品調達だった。インターネットで直接消費者とつながっているオンライン書店の要求は、ローコストの大量流通を中心に構築されていた取次にとってきわめて難しいテーマだった。

そのため、オンライン書店との取引を開始した各社は、従来の対書店の流通とはまったく違う専用の流通センターを作った。日販のＢＯＬへの出荷をおこなう「Web-Book センター」、トーハンのイーエスブックスに対応するトーハン川口のＥＣ流通センター、大阪屋の「Amazon」などへ出荷する「iBC」だ。いずれも、これまでの大手取次がもたなかったような低回転率の書籍を含めた多種多様な在庫を少量ずつそろえ、完全単品管理を実施して、単品での出荷に対応した。ただ、これらの専用流通センターは、あくまでも本流に対するバイパスだった。これと同じ原理で本流の物流に対応すれば、大量の在庫を少量ずつ抱えなくてはならないので、現行の価格と取引条件ではやっていけないという問題がある。

しかし、オンライン書店の要求は、消費者の要求でもある。取次が消費者のニーズに対応するためには、究極的にはオンライン書店と同様のサービスレベルが求められることになる。インターネットの普及は、そのことを取次に強く感じさせたといっていい。

▼取次のサプライチェーン・マネージメント構想

トーハンと日販は、新たな流通システムに向けた投資を開始した。日販は二〇〇一年に「トリプルウィンプロジェクト（ＷＷＷプロジェクト）」をスタートさせ、トーハンは在庫・出荷から返品処理までおこなう書籍の新物流拠点の開設「桶川計画」に〇三年に着手した。

ＷＷＷプロジェクトは二〇〇三年四月から本格的な運用を開始した。日販が取引書店のＰＯＳデータを収集し、出版社にインターネットで単店・単品の販売情報を提供して、出版社が市場情報を確認しながら商品を供給するという仕組みだ。この仕組みを運用するにあたって、日販は書店との間で①早期返品の禁止、②発注ルートの一元化、③委託期間内の返品率一五％以内、④契約違反店は商品供給サポートを停止するといった契約を結び、出版社とも双務的な契約を締結する。

力関係やなれ合いの関係ではなく、実績とデータに基づく取引関係を構築しようとしているのだ。この計画を推進している担当者は、加入書店の条件として「データを開示していただけることと、当社とともに業界を変えようという志を持っていること」（「文化通信」二〇〇三年九月二十九日付）と述べているし、同社の鶴田尚正社長が「新たな商習慣を作り上げていく必要がある」（「文化通信」二〇〇三年一月十二日付）と発言していることをみても、同プロジェクトは従来の取引慣行の変革を目的にしているとみてまちがいない。

一方、トーハンの「桶川計画」は、書籍返品の自動処理によって、これまで収集できていなかった単店・単品での返品データを入手する。このデータとトーハンからの送品データ、書店のＰＯＳデータを合わせれば、特定の書店がどの商品を何冊販売したのかを把握することができる。それに基づいて、契約指向の取引形態に移行しようとする計画だ。

戦後一貫して日本の書籍流通を支え発展させてきた取次機構は、日本の出版流通そのものといえる。その取次を代表する大手二社が、自ら従来型の取引慣行、物流システムを見直そうとしているのだ。これは周縁的な変化の兆しではなく、出版流筋本筋の変化だ。デジタル技術の登場は、出版流通の根幹を変えようとしている。

●結論

出版産業でのＥＤＩについて、①「取引・商流情報の交換」、②「生産者情報の市場への提供」、③「市場情報の生産者への提供」という情報の流れからたどってきたが、デジタル技術を使った情報流通は、出版流通の世界に多様性をもたらしたといえる。

これまでの出版流通は、出版社を「川上」、取次を「川中」、書店と市場を「川下」と呼んできたように、与える側と与えられる側のフィールドが峻別され、その間の情報の流れは一方通行だった。しかし、デジタルネットワークでは発信者は受信者となり、受信者がいつでも発信者となる。いままで一方的に出版物を提供されてきた消費者側の要求がストレートに産業の内部に伝わり、産業側が対応を迫られる。その結果、産業構造の変化が招来される。

現在の出版産業で、まさにそうした変化が進行していることが、ＥＤＩを中心とした出版流通のデジタル化からみえてくる。

ここでは触れることができなかったが、出版社が書店や読者からインターネットで受注したり、中小書店がインターネットと宅配業者を使って出版社から注文書籍を取り寄せたり、書店同士がインターネットで市場情報を共有するなど、周縁部分では、これまでにみてきた以上に多様な試みが動きだしている。

こうした流れが、出版活動をどのように変えていくのかを正確に予想することはできないが、少なくとも、これまで出版産業であまり注目されてこなかったマーケティング活動の比重が増してくることはまちがいない。

いま起きている変化とは、相次ぐ出版業界関連本が指摘している〝出版産業崩壊〟の道筋なのではなく、旧来型の出版活動、言い換えれば〝送り手が作った出版業〟が変質していく過程なのだ。そのことを認識し、そのうえに立って今後の出版産業のありかたを考えることが、今後、出版活動をおこなっていく者の命題だといえる。

注

（1）出版ＶＡＮ協会『出版業界ＶＡＮ——理解のために』出版ＶＡＮ連絡会、一九九一年

（2）赤瀬川原平『老人力』筑摩書房、一九九八年

（3）ロバート・キヨサキ／シャロン・レクター『金持ち父さん貧乏父さん——アメリカの金持ちが教えてくれるお金の哲学』白根美保子訳、筑摩書房、二〇〇〇年

（4）原笙子『不良少女とよばれて』筑摩書房、一九八四年

（5）乙武洋匡『五体不満足』講談社、一九九八年

参考文献
永井祥一『データが変える出版販売――情報化とマーケティング戦略』日本エディタースクール出版部、一九九四年
全国出版協会出版科学研究所編「出版指標年報」全国出版協会出版科学研究所、各年度版
木下修/吉田克己/星野渉『オンライン書店の可能性を探る――書籍流通はどう変わるか』(Publishing now)、日本エディタースクール出版部、二〇〇一年
村上信明『出版流通とシステム――「量」に挑む出版取次』新文化通信社、一九八四年
村上信明『出版流通図鑑――50万アイテムの販売システム』新文化通信社、一九八八年

(初出:「出版研究」第三十四号、二〇〇三年)

2 取次システムの変容と書店の今後

この十年間は、大手銀行や保険会社が破綻し、それまで不変だと信じていた社会システムが実は意外と簡単に変わってしまうことを私たちに見せつけてきたが、出版業界でも取次システム、委託扱い、再販制度など、絶対だと思われてきた仕組みに変化の兆しが見え始めた時期だった。

筆者がこの業界に入ったのは消費税導入が話題となっていた一九八九年だが、九〇年代から二〇〇〇年にかけての変化には目を見張るものがある。

一九九一年には公正取引委員会の私的研究会「政府規制等と競争政策に関する研究会」が最初の報告書を提出し、十年間にわたる再販存廃論議が始まり、書店やオンライン書店のポイント問題にまで及んでいる。また、デジタル化の進行が、編集制作から販売現場までを大きく変え、出版市場の成熟化が産業構造の変革を迫り、書店業界では巨大店舗の増加から一転して書店の減少が生じ、そしていま再び新たな出店競争が進行している。変化というのは順番に訪れるのではなく、さまざまな事象が一斉に押し寄せるものだという感慨さえ抱かせる。

この間の出版業界の変化は、敗戦後では最も大きく、また本質的なものだと考えられる。特に日本の出版流通を担っている取次の変化は、その思いをさらに強くさせる。それは書店にどのような影響を与えるのか、そして書店自体はどのように変わろうとしているのかを、日常の取材活動のなかから考えてみたい。

戦後初、取次システムの根本的変化

出版業界、そして書店の今後を考えるうえで、現在進行中の取次の変化を無視することはできない。物流・決済・情報・金融など、出版流通に必要とされるすべての要素を提供する取次システムは、日本の出版流通そのものといっても過言ではないからだ。

特に海外の出版業界を取材していると、日本では取次システムが出版社と書店に多様な機能を提供し、出版社と書店がそれに深く依存していることを痛感する。言い換えれば、出版流通の世界でさまざまな変化が起きたとしても、取次システムそのものを変えるものでなければ、本質的な変化にはなりにくいということだ。

その意味で、ここ数年のトーハンと日販の大手取次二社が進めている変革は、これまでの取次システムの考え方を根底から覆すものであり、きわめて大きな意味をもっている。

その変化を一言で表すと、「撒《ま》く流通から届ける流通へ」と表現することができる。太平洋戦争中の統制会社・日本出版配給（日配）以来続いてきた配給型の流通システムから、消費者個々の要求に対応する仕組みに切り替えようとしているのだ。

例えば、トーハンが進めている桶川計画では、流通している書籍のほとんどを在庫として保有し、市場の要求に迅速に応える「ＱＲセンター」を開設した。これは従来の日本の取次にはなかった発想だ。

取次はこれまで、在庫をもたないことによって低コストの流通を実現してきた。一時的に在庫をもつにしても、トーハン・日販ともにせいぜい十万点程度であり、流通書籍七十万点には遠く及ばなかった。しかも、それらの在庫は回転率がいい売れ筋商品が中心で、基本的には絶えず商品が動いているフローの流通だった。

これに対し、ＱＲセンターは在庫をもち、書店からの注文に対応する仕組みになっている。すなわち、ローコストのばら撒き型の流通から、素早く確実に商品を供給する物流体制に切り替えようとしているのだ。

そのスタイルは、欧米にみられる書籍ホールセラーと同様だ。ただし、欧米のホールセラーは正確さと速度を売りにしている一方で、流通マージンは日本の取次マージンを上回る十数％が一般的であり、しかもほとんどの国は日本よりも書籍の価格が高い。ＱＲセンターは、現在のローコスト体質のままでこうしたホールセラーの機能を発揮するために、出版社の出資を仰いで新会社を設立し、在庫の一部を出版社の社外在庫とするなどの工夫でコストを抑えようとしている。

他方日販は、出版社が物流業務を委託している倉庫会社の在庫をリアルタイムで把握することによって、流通のクオリティーを向上させようと試みている。日販をはじめ取次五社で立ち上げた返品処理会社・出版共同流通の専務取締役で日販取締役でもある高見吉弘は、書籍返品の自動処理を開始するにあたって、在庫の単品管理やオンライン化といったシステム整備ができていない倉庫会社との取引を今後見直すと宣言している。これは日販が単に返品処理の自動化だけではなく、いまよりも精度の高い書籍流通の構築をめざしていることを表している。

出版不況といわれ、これから先も日本の書籍市場がそれほど拡大するとは思えないなかで、これだけ書籍流通に投資する理由は、彼らが市場の変化をこれまでにない本質的な動きだと感じ、それに対応して企業を存続させようとしているからだ。

これまで取次は、書籍・雑誌の両方を扱い、物流に限らないさまざまなサービスを出版社と書店に提供するという、他国にはみられない総合的な機能を担うことで、出版流通のチャンネルリーダーの地位を維持してきた。しかし、インターネットによって情報流通が劇的に拡大・高速化している時代には、従来型の流通では対応できない。今後も書籍流通の担い手として存続していくためには、多品種少量で高レベルな物流への対応が必要なのだ。

自律的ビジネスの必要性

取次の流通改革は注文品流通の精度を向上させ、これまでよりも正確な配本を実現するだろう。その意味で、取引書店にとって歓迎すべき流れだといえる。しかし、書店が自律的に商売をおこなおうとする場合、取次のシステムに依存しきっていてもいいのかという疑問が残る。

書店のマージンが低いとか売れ筋商品が希望どおり入ってこないといった、従来の書店の不満の多くは、書店が商品供給などの面で、ほとんどを取次に依存してきたことに主な原因がある。

筆者はここ四年ほど、毎年アメリカの独立系書店や書店組合の関係者を取材してきた。日本とアメリカで書店の仕事内容や基本構造にそれほど大きな相違点があるわけではないが、彼らの話から感じるのは、アメリカの書店が「仕入れている（買っている）」し「値付けしている」ことだ。日本とアメリカの書店は、この二点だけが決定的に異なっている。

競争は日本以上に厳しく、政府の支援もないなかで、アメリカの独立系書店はこの十年間で半減してしまったが、それでも大手書店チェーンや「Amazon.com」との競争に勝ち残り、しっかりとビジネスを継続しているユニークな書店が数多く存在することは日本でもよく紹介されている。アメリカでは、取次ルートは書籍流通の二割にすぎない。直接取引が八割を占めるのは、発注や取引口座管理の煩雑さなどを伴うが、少なくとも自分が注文しない本は入荷しないし、書店のマージンは四〇％程度確保されている。

自分で商品を仕入れて値付けをするのは商売の最も基本的な要素であり、これらを放棄すれば自律的なビジネスはありえないと思う。確かにアメリカと日本では取引制度や価格決定制度に違いがあるが、書店が取次と対等な関係で付き合う自律的な存在にならなければ、日本の書店業界の将来は暗い。また現在の書店競争のなかでは、そうした自律的な書店しか生き残っていけないだろう。

●――新たな競争の段階に入った書店業界

次に、書店間の競争がどのように推移しているのかをみてみると、ここ数年の出店・閉店のデータから、書店の競争が新たな段階に突入していることがわかる。

書店調査会社アルメディアによると、出店による売り場面積の増床規模は一九九〇年代後半から減少し始めたが、二〇〇一年を境に増加に転じ、閉店による減床もやはりこの年をピークに、それ以後はわずかではあるが縮小し始めている。

このことから、一九九〇年代後半には経営不振による廃業や不採算店の撤退が続いたが、二〇〇二年になると、撤退をほぼ完了したチェーン書店が積極的な出店に転じたとみることができる。

さらに大手スーパーが積極的に建設している大型ショッピングセンター（ＳＣ）が、集客の目玉の一つとして書店を誘致する動きがこの傾向に拍車をかけている。ＳＣにとって書店は、老若男女を問わず、仕事・生活・趣味嗜好などあらゆる領域を網羅し、ＳＣが必要とする幅広い年齢と性別を問わない消費者を集客する絶好の商材である出版物を扱っているため、必須のテナントになっている。

そして、札幌、福岡、東京駅周辺、新宿といった例をわざわざあげるまでもなく、最近の出店競争にはこれまでの秩序が通用しない。二〇〇四年十月には、紀伊國屋書店の聖域ともいえる新宿駅東口に創業から二十年あまりのジュンク堂書店が出店するという、まさに象徴的な出来事も起きた。

集客を見込める場所には、既存の有力書店の存在に関わりなく出店する。まさに大手書店同士の食うか食われるかのマッチレースが始まっている。出版物の販売量が増えないなかで自社の売上規模を維持しようとするシェア争いは、好況時代の出店競争よりも激しく、そこにはお互いへの遠慮や配慮はなくなっている。

その一方で、各地で書店組合幹部を務めてきたような地域一番店や老舗書店が姿を消している。書店組合の全国組織である日書連の組合員数は二〇〇五年六月時点で七千店を切ったといわれ、書店間競争が「調整」の時代から「戦い」の時代に転換したことを印象づけている。

●書店の新パッケージ展開

こうした大型書店同士の競争は、これまで以上に「店舗の大型化」「商品の複合化」「集客力の強化」を加速させ、同時に人件費などの「コスト抑制」も進めさせている。

丸善は二〇〇五年六月に発表した新中期事業計画で、今後五年間に六千七百坪の出店をおこなうことを明らかにし、それに伴って社員一人が担当する売り場面積を現在の一・六倍に拡大するという。また、愛媛を本拠に展開している明屋書店は最近、新規出店よりも百五十坪クラスの既存店を三百坪から五百坪に増・改築する戦略をとっている。

そして、店舗の大型化に合わせるように、商材と提供方法を拡大する書店が増えている。広島県を中心に四十店を展開しているフタバ図書は広島と福岡県内で、五百坪から千坪クラスの店舗に書籍・雑誌、CD・DVDだけでなく、ゲームセンター、インターネットカフェ、リサイクルショップまでを含む複合店GIGAを展開している。

さらに貸与権の権利処理システムが稼働したことから、今後はコミックレンタルを導入するチェーン書店も増えてくるだろう。

また、かつてアメリカの大型書店を参考にして導入が進んだ児童書などで構成する「キッズコーナー」も、家族層の集客に向けてさらに進化している。大阪の喜久屋書店は専門の人材を育成し、各店舗で児童書と知育玩具で構成した「子ども館」というコンセプトショップの展開を始めた。

このように、店舗の大型化に合わせて、集客のための新たなパッケージを模索する動きが広がっている。チェーン書店による新たなパッケージ開発と積極的な出店によって、書店地図はこれからも流動化していくと考えられる。

●中小書店の生き残り策「NET21」

一方、大型チェーンの競争の陰で、依然として中小書店の閉店が高水準で続いている。こうした書店の多くは地域に密着した店であり、その減少は、幼い子どもや専業主婦、高齢者といった、地域社会に生活の基盤をおく消費者が出版物に接する機会を減らすという意味で、出版産業全体に関わる問題だ。

中小の地域書店は取次への依存度が高いうえに、出版社からみると、個々の店は販売の絶対量が少ないため視界に入りにくい。出版社が重視する書店が個店から法人単位に変化するなかで、小規模書店はますます存在感を示しにくくなっている。

こうした書店が単独で自律的なビジネスをおこなうのは難しい。何らかの形で集合体を形成し、協力し合う必要性がこれまで以上に高まっている。

そうした試みのなかで、いま最も成果をあげているのがNET21の取り組みだろう。参加している十八法人・五十一店舗のなかには、単独であれば出版社の法人対応から漏れてしまい、取次からも小規模店として扱われる店が多いが、共同出資で有限会社を設立したことで、いまでは大手出版社の販売ランクで三十位前後に入っている。

NET21では、各書店の経営者が出資して役員になると同時に、それぞれが担当する出版社をもって仕入れや販促費の交渉をする。毎月開く例会では、販促商品を選定するなど実務的な議論を交わし、POSデータを完全に共有することによって、個店ではみつけにくい売れ筋を発見し、商品確保するなど、単店ではできない活動を展開している。

さらに中堅取次の栗田にNET21の一括仕入れ口座を開設している。取次に依存するのではなく、取次の機能を自分たちの自律的なビジネスに利用するという、これまでの中小書店では考えにくかった発想を実現化しているのだ。

彼らがめざしているのは単なる規模の拡大ではない。〝地域で必要とされる存在であり続けること〟、地域の独立系書店として経営を継続していくことなのだ。

いま問われる書店組合の活動

もちろん、NET21のような活動は簡単にできるわけではない。彼らは設立時に財務諸表を提出し、各店の経営が健全であることを互いに確認してから活動を開始している。そのうえで組織を法人化することで、外部の信用を勝ち取ったのだ。したがって、あらゆる書店が選択できる手段とはいえないだろう。

むしろ、中小書店のこうした連携は、本来、書店組合が担うべき役割だと思う。厳しい時代だからこそ、書店組合は中小書店を実務面で十分にサポートし、大手書店との競争に耐え、取次と対等で自律的な関係を構築できるようにすることが求められている。

ここで再びアメリカの例を紹介したい。

アメリカの書店組合、アメリカン・ブックセラーズ・アソシエーション（ABA）の会員数は、一九九〇年代前半には五千社だったが、世界最大のチェーン書店バーンズ&ノーブルや「Amazon.com」など手強い相手との競争で、現在では千七百社に減少している。しかしその活動内容は、大手書店へ有利な条件を与える大手出版社を独占禁止法違反で訴えるなど、積極果敢だ。

ABAでは専門会社に依頼して市場調査をおこない、消費者がベストセラーリストから本を購入する傾向があると知ると、会員書店のPOSデータを集計した独自のベストセラーリストを作って配布し、消費者が低価格志向をもっているとわかると、リメインダー（出版社のオーバーストックを低価格で提供する本。日本では自由価格本(1)・バーゲンブックに相当する）や古書の取り扱いに関するセミナーを開いた。また、大手書店のギフトカード（日本の図書カードに近い）がよく使われていることがわかったときは、組合独自のカードシステムを開発し、組合員だけで使えるギフトカードを作った。

　こうした活動は、組合員書店が消費者にどのようなサービスをおこなえるかという視点に立って考えられている。他者に依存するのではなく、自分たちが自律的に生き残るための活動なのだ。その根本には、書店組合を構成する中核が「インデペンデント（独立系）」書店だという自負もあるという。

　そして、このような活動を支える年間八百万ドルの予算のうち、会員が納める会費収入は四分の一程度で、残りはブックフェア（ブックエキスポ・アメリカ〔BEA〕）の開催権をリード・エグジビション社に販売した資金や、同社との契約で毎年入ってくるBEAの売上金の一部、そしてさまざまなマーケティングプログラムへの出版社の協賛金などで賄われている。

　日書連の構成員は、かつての半数に減ってしまった。しかし、それでもなおアメリカの倍以上の組合員を抱えている。中小書店であっても、やる気になればNET21のような活動は可能であり、日本の独立系書店が今後も営業を継続していくためには、ぜひともこれまで以上に積極的で前向きな活動を期待したい。

価格競争の予感

　最後に、これから書店業界でも予想される価格競争について触れたい。

周知のように、出版物には再販売価格維持（定価販売制）が認められているため、ほとんどの出版物には再販契約の対象であることを示す「定価」が表示され、書店での価格設定はできない。しかし、これは必ずしもすべての価格競争を制限しているわけではない。

すでにオンライン書店間では、送料を無料にするという形で事実上、価格面でのサービスが始まっている。「ベスト・プライスの提供」を標榜する「Amazon」は、再販制度があるドイツと日本で送料を無料にすることでそれを実現すると表明し、日本では同社が始めた千五百円以上の購入者に送料を無料にするというスタイルが、オンライン書店の標準的なサービスとなっている。(2)

そして今後はポイントサービスという形の価格競争も予想される。

公正取引委員会は二〇〇四年六月、書店組合や取次が書店のポイントサービスをやめさせようとする行為は独占禁止法に違反する「共同行為」や「優越的な地位の濫用」にあたるとし、たとえ取次を通じて書店と再販契約を結んでいる個々の出版社であっても、低率（一、二％程度か）のポイントまでやめさせるのは許されないという見解を示した。

これは公取委が再販制度存置の条件として業界に求めた「再販弾力運用」、すなわち小売り段階での価格の弾力化を改めて求めたものであり、二〇〇五年六月までに主要な業界団体はこの指導を受け入れた。

さらに、公取委は二〇〇五年七月で期限を迎えた書店での景品規制（出版物小売業公正競争規約）見直し問題で、景品提供の通年実施を認めない期間制限条項は継続的なポイントサービスを阻害するとの考えを明らかにした。期間制限条項が撤廃されれば、値引きではなく景品という名目で、現行規制なら購入価額の七%まで通年でサービスを実施できるようになる。

こうした動きにいち早く反応したのも「Amazon」だった。書店組合によるポイント反対運動の方針に変化が表れたという業界紙報道の直後に、一万円以上の購入者に五百円のギフト券を提供するサービスを開始。ほぼ同時に、やはり公取委が定価販売が認められないとして業界を指導した「複合出版物」(出版物とCD―ROM、DVD、フィギュアなどを合わせた商品)の値引き販売も開始した。

さらに同社と競争している他社も、ポイントサービスを実施しようとする動きがある。楽天ブックスの杉原章郎社長は二〇〇五年春、業界紙のインタビューで、楽天市場の顧客がほかの商材購入で溜めたポイントで出版物を購入できるようにしたいと述べ、そうすればポイントによって「月間二、三億円」の書籍販売が見込めると表明した。

こうしたオンライン書店によるポイント競争は、おそらく書籍市場全体に一定の影響を及ぼすだろう。隣の韓国ではオンライン書店が書籍の値引き販売をおこなったことで、オンライン書店のシェアが書籍市場の一五%に達しているという。(3)場所を問わずに購入できるインターネットの利点は、価格競争によって最も際立つのだ。

一般の書店のなかにもポイントサービスを実施している例はあるが、消費者の低価格志向が強くなるなかで、今後、業界でルール化されたレンタルコミックや自由価格本(リメインダー)の販売などに力を入れるところも出てくるだろう。

公取委は再販制度のさらなる弾力運用を求めている。そして、それを現実の競争手段として利用する小売店が出てくる以上、もはや書店にとって価格競争さえひとごとではなくなろうとしている。

書店にとっての競争はますます多様化する。そういう動きを注意深く見つめ、読者、消費者が自分の店に求めているものを見極め、どのようなサービスを提供すべきなのかを考える必要があるだろう。

注

(1)「自由価格本」とは、出版社が当初、再販売価格維持の対象として刊行した出版物を、一定期間後に価格拘束を解いて販売するもの。対象となる本にB印を押すことから、「B本」「バーゲンブック」とも呼ばれる。

(2)その後、「Amazon」は実質的には送料無料となるサービスを開始し、オンライン書店の送料は無料が主流になった。

(3)韓国のオンライン書店のシェアは、その後三〇%を超えるほどに拡大している。

(初出:「人文会ニュース」第九十六号、二〇〇五年)

3　書店が抱えるリスクと将来展望

●書店の現在

▼減少する書店数

日本で書店数が減少していることは、いまさら強調するまでもないことだろう。宅配業者が届けて回る「Amazon.co.jp」と書かれたおびただしい箱や、ニュースとして頻繁に取り上げられる「電子書籍」という目新しい単語を目にすると、その陰でリアルな書店の領域が侵されつつあることが容易に想像できる。

現に、最近は一般の日刊新聞などでも、「書店が十年間で六千店減少」「書店がない市町村が三百十七」といった記事が目につくようになっている。

実際に、一九九〇年代から書店調査を続けているアルメディアによれば、九九年に二万二千二百九十六店だった書店数は二〇一二年に一万四千六百九十六店となり、十三年間で七千六百店減っている。一年間に平均約五百八十四店が消えた計算になり、割合にすると約三四％減となる。

しかも、この数字には新規店の開店も含んでいるので、新規店を除いて閉店書店だけを数えると一万五千店を超えている。つまり、一九九九年に存在した書店のうち、七割近くが入れ替わったことになるのだ。

アルメディア調査以前の書店数の推移をみるには、数年に一度実施される経済産業省「商業統計」によるしかないが、この調査は「書籍・雑誌小売業」に「古書店・洋書取次・楽譜店」を含んでいるため、本節で対象とする「書店」とはズレが生じてしまい、正確な数字はわからない。

他方、書店の全国組織である日書連の組合員数推移をみると、一九六四年の七千四百十六から八六年の一万二千九百三十五までほぼ一貫して増加し、同年を境に二〇一二年の四千四百五十八まで減少を続けている。日書連の組織率がピーク時に約五〇％に達していたこと、また、大手チェーン書店の多くも日書連に加入していることを考えると、全書店数推移もほぼ日書連組合員数の増減と同様の傾向をたどっているといえる。

▼日本型書店

数が多い日本の書店

しかし、二〇一二年の一万四千六百九十六店という書店数は、以前より大幅に減ったとはいえ、海外と比較すると決して少なくはない。それどころか、これほど書店が多い国は、日本以外に聞いたことがない。

広大な国土を抱えるアメリカでも、大手チェーン書店と独立系書店の合計は一万店に満たず、特に中小規模が多い独立系書店は二千店前後だといわれている。また、日本と同様に書籍の再販売価格維持を認めていて、比較的中小規模の独立系書店が数多く残っているドイツでも、書店数はスイスとオーストリアのドイツ語圏を合わせても五千店前後だという(1)。

もう一つ、日本の書店業界に特徴的なのは、ほかの諸国に比べて大手チェーン書店のシェアが低いことだ。二〇一二年一月から十二月の取次ルートでの書籍・雑誌販売金額は一兆七千三百九十八億円だったが、リアル書店のチェーンとして最大売り上げとなったTSUTAYA（カルチュア・コンビニエンス・クラブ）の書籍・雑誌売上高は千九十七億円で、シェアは六・三％にとどまる。従来型書店として最大手といわれる紀伊國屋書店も売上高は千八十二億円で、シェアは六・二％なのだ。

他方アメリカでは、最大手書店であるバーンズ＆ノーブルが書籍市場の約一五％、「Amazon」が三〇％、ウォールマートなど大手量販店が一五％を占め、独立系書店のシェアはわずか八％程度といわれている。ドイツの出版業界でも、近年は「Amazon」を筆頭に、タリアグループ、ヒューゲンドゥーベル・ウィルトビルトグループなどの大手チェーン書店が高いシェアを占める「集中化」が最大の問題とされている。書店の集中化は、欧米や、韓国などアジア主要国で共通した傾向だ。

小規模な書籍・雑誌小売業と取次システム

なぜ日本には書店が多く、大手書店のシェアが低いのか。

書店数が多いからといって、日本人が他国の人々より読書家だとか勉強熱心だというわけではない。そもそも「書店」の定義が異なるのだ。

日本の「書店」が海外の「書店」と大きく違う点は、「書籍・雑誌」を販売していることだ。欧米主要国やアジアの近隣諸国で「書店」に入っても、書籍しかないことが多い。日本以外の国で「書店」とは、英語で「Book Store」と呼ぶように、書籍（Book）を販売する小売業を指す。十数年前まで、アメリカではコミック類もBook Storeではほとんど販売していなかった。

日本の書店は、書籍と雑誌（このなかにコミックも含まれる）の販売拠点として一九八〇年代まで増加していたのであり、海外であればスタンドに分類されるような小規模な「書籍・雑誌小売業者」も含めた書店が全国に数多く存在してきたのが、これまでの日本の書店網だったのだ。

大手書店への集中が進んでいない理由については、明確な根拠があるわけではないが、他国との相違点を考えた場合、真っ先に思いつくのが「取次」の存在だ。

海外で「書籍取次」と呼ばれるのは、出版社から書籍を仕入れ、書店からの注文に応じて出荷する企業で、「ホールセラー」と呼ばれている。この場合、取次と書店の間は原則買い取り取引である。

これに対して日本の取次の仕事は、日々の雑誌配送と、新刊書籍を取引先書店の規模や立地、過去の売れ行き傾向などに応じて配分する「配本」が中心だ。いわば、出版社が作った出版物を、一定の法則に基づいて市場に配分する仕組みになっている。そしてこの仕組みを保証する形で、書店がほぼ自由に返品できる委託制度がある。

こうした仕組みのために、しばしば中小書店から「ベストセラーがこない」といった不満が取次にぶつけられる。だが、そもそも本来の取次は偏った配分などしない、取引先の書店に均等に配分することを是とする仕組みなのだ。それでも「配本」されないのは、ベストセラーのように需要が多くて供給が追いつかない場合か、そもそも発行部数が少なくて市場に行き渡らない場合が多い。

つまり、取次はたとえ相手が「Amazon」のように強力な取引先であっても、極端に偏った供給などはしない。この「取次」システムの存在が、いまでも日本に中小規模の書店が比較的多く存在している理由の一つだと考えられる。

これに対して海外では、書店が直接、新刊書籍を出版社からほぼ買い切りで仕入れるケースが多いので、力の強い小売業者が売れ筋などを買い占めることも可能だ。こうした違いが、書店の集中の程度の差として表れていると思われる。

書店が減少している原因

だが日本でも、「書籍・雑誌小売業者」は大幅な減少を続けている。これにはいくつか原因が考えられるが、一九九〇年代後半以降の最大の原因は雑誌市場の縮小にある。

雑誌市場が縮小したのは、インターネットや携帯電話、スマートフォンなど、通信機能を搭載した端末の普及によるところが大きいと考えられる。これは、月刊誌よりも刊行サイクルが短い週刊誌の発行部数が大幅に減少したことや、「ぴあ」（ぴあ）の休刊に代表されるようなストレート情報を掲載する情報誌の部数が低迷していることからも読み取ることができる。

そもそも雑誌・コミック市場の拡大とともに増加を続けた書店、特に町中の小規模書店や一九八〇年代にロードサイドに増加した郊外型書店は、売上高に占める雑誌とコミックの比率が高く、経営的にはこの両分野の収益に依存してきた。

だが、雑誌の総販売部数は一九九五年をピークに減少に転じ、二〇一二年にはピーク時の約五〇%にまで落ち込んでいる。もともと書店にとって書籍・雑誌とも粗利益率は二〇%程度と低いため、回転率が高い雑誌の売り上げ減少は書店の経営に大きな打撃となった。

書店のもう一つの主要商品である書籍も、粗利益率は価格の二〇%程度と雑誌同様に低率であり、さらには商品回転率が年間二・四回転程度と低い(2)ので、もともと書籍の販売だけで経営を支えることは、構造的にきわめて難しい。雑誌への依存度が高かった小規模書店の経営が行き詰まったのは当然といえる。

かつて、コンビニエンスストアが増加し始めた一九八〇年に、リブロ(当時は西武ブックセンター)の創業者だった小川道明は「雑誌の比重が大きくなることによって、出版流通ルートがいっそう多様化するだろうということだ。取次経由の通常ルートが、さらに地盤沈下することは、まちがいない。そして雑誌とコミックで売り上げの七〇%を占めるような「軽量」な書店が増加することも確実である(3)」と指摘したが、まさに今日は、雑誌の収益で増加した「軽量」な書店が、市場の転換によって淘汰されているとみることができる。

他方、広い売り場面積をもつ大型書店は、もともと売上高に占める雑誌の比率が低く、書籍をまとめ買いするような「高単価」の顧客層に支えられてきた。そのため、雑誌の販売不振よりも、「Amazon」をはじめとするオンライン書店など、新しい書籍販売チャンネルの影響を強く受けている。

また、二〇〇〇年代になると、市場全体が縮小傾向に入ったことで、各チェーン書店が従来の売上高を維持するためのシェア争いを激化させている。かつては考えられなかったような他社店舗の近くや同一商圏への出店が増加し、大手書店の再編淘汰が進むとともに、大手同士の出店競争の狭間で近隣の老舗書店や中小書店が消えていくケースも珍しくなくなっている。

新規参入の少なさ

書店が減ったとしても、時代や市場環境にそぐわなくなった事業者が撤退し、新しい価値を提供する事業者が参入しているのであれば、産業全体としては健全な新陳代謝が進んでいると考えることができる。しかし、日本の書店減少の深刻さは、この新規参入がほとんどみられない点にある。

前段で、閉店している書店がある一方で新規開店もあると書いたが、最近の新規開店のほとんどはチェーン店の支店であり、新規開業の参入者はまったくといっていいほどいない。

一方で、日本よりもチェーン書店のシェアが高く、激烈な競争環境にあるアメリカやドイツでは、現在も新規参入する独立系書店が絶えないという。筆者自身、最近これらの国を訪ねる機会が何度かあり、実際にそういう人々に話を聞くこともできた。

アメリカのブックフェア「Book Expo America 2011」で開かれたABAのセミナーでは、二〇〇四年以降、四百店の独立系書店が創業したとの報告がなされたという(4)。

なぜアメリカやドイツでは書店を創業する人がいるのに、日本では出てこないのか。そもそも日本には書店を開きたいと考える人がいないのかというと、実はそうでもない。

二〇一一年にJPO(代表理事・相賀昌宏〔小学館〕)が経済産業省の委託で実施した「フューチ

ャー・ブックストア・フォーラム」(以下、FBFと略記)は、この新規参入の促進をテーマの一つに設定した。

フォーラムでは、検討をおこなうにあたって、近年、首都圏などで若者が古書店を創業するケースが目立つことから、東京、大阪、名古屋などでこうした古書店の経営者からのヒアリングを実施しているが、「なぜ古本屋を創業したのか」という問いに対して、多くの経営者が「古本屋ではなくて〝本屋〟を創業した」[5]と答えたのが印象的だった。

彼らにほぼ共通している体験は、まず書店でのアルバイトなどで経験を積み、自ら書店を創業しようと取次と交渉するが、ハードルが高くて断念し、手元資金で始められる古書の販売で創業したという流れだ。その後、出版社に直接はたらきかけて、新刊書の販売も細々ながら始めている事業者が多い。

彼らは「古本屋(古書店)」をやりたいわけではなく、「本屋(書店)」をやりたいのだ。しかし、取引を開始するにあたって取次から求められる年間売上高や保証金などのハードルが高く、あきらめているにすぎない。決して、書店を創業したい人がいないわけではないのだ。

この点から日本と欧米を比較すると、明確な違いが一つある。つまり、日本の書店はほぼすべての書籍・雑誌を取次から、売れ残ったら等価で返品できる「委託配本制度」によって供給されているのに対して、アメリカやドイツなどの海外の書店のほとんどは、新刊書を出版社に直接、発注して仕入れ、売れ残りは原則として返品できない「買い切り取引」だということだ。

もともと出版社との直接取引で、「買い切り取引」が当たり前の国であれば、開業しようとする人は、自分がもっている資金に応じて本を注文して仕入れればいい。出版社側としても、現金で支払えるのであれば、のちにその書店が倒産したとしても影響はない。

これに対して日本では、取次が毎日のように書店に新刊を配本（書店の注文によらない）するため、配本した商品の代金が回収不能にならないように、継続的な取引が可能かどうか、信用保証を求めることになる。もともと書店側にリスクの少ない取引形態が、現状では書店の新規参入を阻む結果になっているといえるだろう。

書店経営の厳しさと新たな挑戦

これまでみてきたように、いまの日本では多くの書店は経営的に厳しい状況にある。以前から営業を続けてきた書店は、雑誌市場の縮小やオンライン書店のシェア拡大の影響などで売上高が減少し、収益力がこれまで以上に低下している。しかも、従来の取次システムによって、書店を始めたいと考える若者がいても、新規参入は容易ではない。

市場の変化に対して、これまでの取次・書店システムがマイナスにはたらくという、負のスパイラルに陥っているとみることができる。

しかも二〇一二年末から本格化し始めた電子書籍の配信は、アメリカの先行事例などからみても、今後、コミックスやエンターテインメント小説など、書店にとって売れ筋の分野で紙の本の販売に影響を及ぼす可能性がある。リアル書店の経営がさらに厳しくなることも予想されるのだ。

●―――FBFの取り組み

▼電子書籍市場活性化事業として書店をテーマに

前項で触れたFBFは、経産省が公募した「平成二十二年度　書籍等デジタル化推進事業――電子出版と紙の出版物のシナジーによる書店活性化事業」にJPOが応募して採用された。

経産省による「書籍等デジタル化推進事業」は文字どおり、電子書籍市場の活性化を目的とするものであり、もともとは二〇一〇年六月に報告書をまとめた「デジタル・ネットワーク社会における出版物の利活用の推進に関する懇談会」（総務省・文部科学省・経産省）での議論を受けて、経産省が予算化した事業だ。(6)

電子書籍市場の活性化を目的にした事業で「書店」を取り上げた背景には、電子書籍の市場を立ち上げる一方で、既存の書店業も電子化との相乗効果で活性化できないかという問題意識がある。産業振興を図る経産省としては、新規産業が誕生する一方で、既存の書店産業が衰退するのではなく、全体として産業が活性化することをめざしているのだろう。

FBFは出版文化産業振興財団（JPIC）の肥田美代子理事長を会長に、書店関係者や有識者による委員会を立ち上げ、その下に「調査WG（ワーキンググループ）」「ハイブリッド型書店研究WG」「書店ビジョン研究WG」「書店注文環境整備研究WG」「新業態研究WG」を設置して一年間にわたって検討した。

二〇一一年三月末にまとめた三百ページを超える報告書(7)は、経産省のウェブサイトからPDF形式でダウンロードすることができるが、その主なポイントに触れてみたい。

▼買い切り取引への転換を提言

ＦＢＦはまず、書店についての「消費者調査」と、「海外調査」を実施した。

このうち「消費者調査」では、インターネットを用いたウェブアンケートによる調査を実施した。書店で日常的に本を購入している人に対し、書店でさらに多くの本やサービスを利用してもらうにはどうすればいいかを検討することを目的として、一次調査一万千七百十サンプルのなかから、平均より多く本を読みかつ購入している人を二次調査の対象として、千七十四サンプルの回答を集めた。

一方、「海外調査」では、比較的多くの独立系書店が存在し、書店が発注した書籍を翌朝には届ける書籍流通網が整備されていて、日本と同様に書籍の再販売価格維持をおこなっているドイツを対象に、書店と書籍流通を調査した。

ちなみに、ドイツでは書籍と雑誌の流通・販売は分かれていて、書店は基本的に書籍だけを販売している。書籍の仕入れは原則買い切り取引で、書店の粗利益率は出版社からの直接仕入れで約四〇％、取次経由で約三五％に設定されている。しかも書籍の価格（定価）が日本の一・五倍から二倍程度なので、書店は書籍からの収益で十分に経営を維持できているといった点が明らかになった。

これらの調査は従来にない規模かつ詳細な内容になっているので、報告書の一読をおすすめしたい。

こうした調査結果と今日の書店の経営状況などを検討した結果、FBFは今後、書店がより魅力的な空間となり、しかも自立した経営を継続し、さらには新規参入を促進するためには、現在の返品が自由な「委託配本制」から、書店が自らのリスクで商品を選択して仕入れる「買い切り取引」への移行が必要だとの結論に達し、そのための環境整備を進めるように提言した。

▼買い切りと電子書籍の実証実験

この結論を受けて、二〇一二年四月からの第二期FBFでは、書店客注品の迅速調達、買い切り取引移行に向けた実証実験、リアル書店での電子書籍の取り扱いなどについて検討を進めた。その結果は「平成二十四年度　書籍等デジタル化推進事業――ネット書店に負けないリアル書店の活性化事業〔調査報告書〕」(8)として、JPOのウェブサイトで公開されている。

「客注商品の迅速配送研究」では、既存の取次業者によるワーキングチーム(WG1)が、取次各社の特別配送サービスについてその仕組みや費用などを検討し、「書店ブランドを活かした新ビジネスモデル研究」(WG2)では、楽天が展開するオンライン書店「楽天ブックス」の配送機能を使った、書店の注文品迅速配送を実験した。

「リアル書店の新業態研究」は、第一期FBFで必要とされた買い切り取引について二〇一三年度に実証実験をおこなうことを前提に、既存店舗での部分的な買い切り実験と本格的な買い切り取引による店舗作りの実験に向けた検討を進めた。

さらに、検討の過程で、委員からの提案によって「リアル書店における電子書籍(端末)販売の研究（ＳＷＧ＝サブワーキンググループ）」を設置して、書店での電子書籍の取り扱いについて検討した。実際にサービスをおこなっている各電子書籍販売サイトの事例や、電子書籍端末の店頭販売と電子書籍コンテンツの店頭決済を事業化している三省堂書店の事例などをヒアリングし、次年度に店舗での電子書籍取り扱いの実験をおこなうことにした。

この実験では、ほかの電子書店で購入した電子書籍を他社の端末でも読むことができるようにしたり、紙の書籍と電子書籍を横断検索できるデータベースを構築するなど、インフラ整備にも取り組むことを予定している。

二〇一三年七月にスタートした第三期ＦＢＦでは、第二期で検討された買い切り取引と店頭での電子書籍販売の実証実験をおこなうほか、紙の本や電子書籍の書誌情報と書籍の在庫情報などを統合して管理する「出版情報センター」（仮）の設立に向けた検討もおこなう。

書店での電子書籍

▼いち早く取り組んだ紀伊國屋書店

二〇一二年には楽天の「Kobo」、アマゾン・ジャパンの「Kindle」、凸版印刷グループのBookLive「Lideo」といった電子書籍専用端末の提供と電子書籍配信サービスが開始され、日本でも本格的に電子書籍が販売されるようになった。これに伴って、それまで遅々として進まないようにみえた出版社による電子書籍の供給も徐々に体制が整い、増加傾向を示している。

こうしたなかで、リアル書店でも電子書籍を取り込もうとする動きがある。

なかでも紀伊國屋書店は、二〇一〇年から一一年に電子書籍配信事業をスタートさせた。自ら専用端末を製造・販売することはなかったが、電子書籍配信サイト「BookWebPlus」を一〇年十二月に開設し、一一年に汎用型のタブレット端末やスマートフォン向けのアプリケーション「Kinoppy」を通した電子書籍販売を始めた。また、他社の電子書籍専用端末（ソニーReader）に電子書籍を配信するサービスも開始している。

自ら電子書籍配信事業を手がける紀伊國屋書店は開発費などに多額のコストを投じたとみられるが、これは、従来の書籍販売に加えて、電子書籍事業を収益の柱に育てようとする意思の表れだとみていい。同書店の高井昌史社長は、二〇一二年十一月三十日の決算発表記者会見で「紙の書籍の落ち込みを補うだけのものになれば」と発言し、その時点で電子書籍の販売が月間で八千万円に達し、近く一億円を超える見通しを明らかにした。この金額は、五百坪程度の中堅店舗の売上高に相当するという。

▼BookLiveと提携した三省堂書店

三省堂書店は二〇一一年末に凸版印刷グループのBookLiveと提携し、一二年十二月から電子書籍端末「Lideo」の店頭販売と電子書籍の店頭決済など、本格的な電子書籍取り扱いを開始した。ネットで購入できる電子書籍をわざわざ店頭で販売する試みはなんとも時代錯誤なものと思われるかもしれないが、実はそういう見方とは裏腹に、意外に多くの反応があるという。

三省堂書店はBookLiveとの提携後、まず一部店舗で電子書店BookLiveの入会受け付けを始め、次に、店舗の書籍と連動する形で、BookLive で販売している電子書籍の店頭決済に着手した。そして、十二月の「Lideo」発売にあわせて、端末の販売も始めた。

端末の販売は、発売一カ月ほどで六千台を超えた。店舗での販売のほか、同社が楽天市場に出店しているオンラインショップや企業・団体などへの営業（外商）でも扱ったが、八割程度は店頭で売れたという。

店頭での購入者は四十歳代から五十歳代以上の中高年が多く、最も多く寄せられた質問は「パソコンを使わなくていいのか」というものだったという。パソコンやタブレットなどデジタルデバイスにはあまり詳しくないが、電子書籍には興味があるという層が存在し、アマゾンや楽天などのIT企業ではなく、いままで利用してきたなじみの書店で購入できることから、端末に手が伸びたのだろう。

その後も端末はコンスタントに売れ続けているといわれ、同社は小売店として電子書籍端末を数多く売った部類に入るだろう。

一方、BookLive 側にも、そもそも電子書籍を購入するのは従来から本を読んできた人々であり、そうした人々が集まる書店が有効な販路になるという見込みがあった。全体の販売数としてみた場合、当初 BookLive が想定していた数には及んでいないと思われるが、電子書籍を読むために端末を購入する人々がネットではなく、店頭に一定数存在したことはまちがいない。しかも、書店での端末購入者は、その後の電子書籍購入数も多いという。

もちろん、今後、書店が電子書籍端末や電子書籍の主要なチャンネルになるとは考えにくいが、少なくとも書店を介して電子書籍へアクセスする人々がいる以上、書店が電子書籍への入り口として、従来の顧客にサービスできることはあるといえる。

そのサービス自体が大きな収益に結び付かないとしても、今後も書店が顧客から「本」への入り口と認識され続けるためには、電子書籍に取り組むことが必要なのではないか。三省堂書店の事例は、そういう発想を抱かせてくれるものだ。

●書店の棚作り

電子書店や図書館などと比べた場合、リアル書店を特徴づけるのは「棚」だといえる。そもそも、バーチャルなオンライン書店や電子書籍配信プラットフォームには「棚」が存在しないし、図書館と書店では、同じ書棚でも陳列方法や目的が違う。そして、書店の「面白さ」を左右するのは、この「棚」の質だ。

まず、書店の棚作りは絞り込みから始まる。現在、日本で流通可能な書籍は約八十万点といわれ、さらに一日平均二百点以上の新しい書籍が発行されている。これらの書籍をすべて並べるなど、売り場面積千坪から二千坪に達する巨大書店でも不可能だし、そもそも小売店である書店がそれほど広範な品揃えをしても意味はない。こうした大量の書籍のなかから選び出された本が、書店の棚には並んでいる。

その並べ方も、図書館の「十進分類」のような標準化された分類に基づいているわけではない。各書店はしばしば独自のジャンル分けをおこなっていて、最終的にはそこに書店の棚担当者の知識やセンスが表れている。また、書店は図書館のように基本図書をストックするわけではなく、新刊書が入ってくれば動きが悪い本と入れ替えたり、平積みにしていた本を棚に差すなどして、常に棚を新鮮な状態に保っている。図書館の棚の役割が分類と保存だとすれば、書店の棚の役割は本の鮮度と出会いの演出だといえる。

▼未知の本との出会い

人によって「面白い書店」「いい書店」の基準は違うだろうが、書店の魅力として、「未知の本との出会い」をあげる人は多い。「未知の本との出会い」を生むのは、まさに品揃えであり、「棚作り」の結果だといえる。

博報堂ケトルの代表であり、自ら東京・下北沢で「街の本屋B&B」を創業した嶋浩一郎は、「いらない本を買ってしまう本屋ナンバーワン」(9)として、東京都杉並区にある書原本店（南阿佐谷）をあげる。この書店に入ると、図書館的な分類ではなく、意外な本が隣同士に並んでいたりして、思わず自分の関心領域から離れた分野の本も買ってしまうというのだ。そういう、購入者自身が自覚していないような「見えない欲求」を可視化してくれる空間だから、その書店は「面白い」ということになる。

こうした書原の品揃えや陳列は、優れた書店人による一方的なセレクトではなく、徹底的な単品管理と顧客観察から生み出されているそうだ。書原では、販売した書籍の短冊を、あとですべての店員が丹念に見返す。それも、抜き取られた順序を崩さずに、それらの書籍がどんな順番で購入されたのか、同じ客がどの書籍とどの書籍をまとめて買ったのかといったことまで推測しながらみていくのだ。

そうやって、顧客の関心領域などを絶えず把握しながら、同時に新しい商品の情報をもとに、顧客が求めそうな書籍を仕入れて陳列する。ややもすると「個性的な書店」というのは、カリスマ的な書店人が独自の品揃えをしているようにイメージされるが、書原の魅力は決して独りよがりの品揃えから生まれたものではない。

▼商品を選ぶ書店

東京の神田神保町にある東京堂で長年店長を務め、その品揃えの確かさから編集者や著者からの信頼も厚かった佐野衛は、理想的な書店について「本が本をよび、本が棚をよび、棚が棚をよび、棚が書店をよぶという構成を作り上げること」と表現し、そのことを読者からたどると、「書店に入って棚から棚をみながら本を手に取り、その本がまた本をよぶ。限りない世界が身近な空間に出現する」と書いた。これに対して、「自分の思いだけで本を選び、それが独自の棚作りということになっているケース[10]」を戒めている。

筆者なりに解釈すると、この「本が本をよぶ」というのは、徹底して顧客の動きを追う書原の棚作りと相通じるように思われる。言い換えれば、本が本来もっている力と顧客がいかに出会えるようにするかを考えながら棚を作っているということだ。先の佐野の言葉は、それを「本」の側から表現するか、「客」の側から表現するかの差であるようにみえる。いずれも来店客が「見えない欲求」に出会う棚を作るための作業だ。

オンライン書店や電子書籍配信プラットフォームには、購入した本に関連する本について知らせる「リコメンド機能」があり、書評ブログやSNSの口コミで未知の本の情報に触れる機会も増えてきた。とはいえ、「未知の本との出会い」を生み出す機能は、いまのところリアル書店の店内での出会いに匹敵するほど発達しているとは思えない。

また、図書館での本の所蔵は、来館者の「見えない欲求」を可視化することを目的としてはいない。むしろ、目的の本を探すための検索性が重視された分類であり、棚構成だろう。

そういう意味で、「棚」の魅力こそが書店がもっている力であり、その力を磨き、極めることが、本と人が出会ううえで書店が担う役割だ。たとえ、いながらにしてネットで本を購入することができるような時代になっても、魅力的な空間である書店が人々の生活圏に存在することによって、人は未知の本（知）と出会い、より豊かな知的刺激を受け続けることができると思う。

しかし、現実に魅力的な棚作りを続けている書店が多いかといえば、必ずしもそうではない。そんな状況のなかで、魅力を発揮する書店に共通しているのは、取次の「配本」への依存度が低く、自ら本を選んで仕入れているということだ。

書籍の収益性の問題を別にすれば、この姿勢をさらに強め、ネットや電子書籍が普及する時代にあっても魅力的な空間を創造していくことが、これからの書店に求められる最も大事なポイントだろう。そして、そのように書店が進化していき、人々からの支持を得ることができさえすれば、そのことで経営が成り立つような産業構造に変革することが、出版産業にとって重要なテーマになっている。

取次の再編と流通取引制度の変化

いま、そしてこれからの書店を考える場合、最も大きなリスクは取次の再編である。先に指摘したように、日本の取次システムは書籍と雑誌を一緒に流通させ、委託配本制度によって書店のリスクを軽減してきたし、書店の取次システムへの依存度も高い。欧米の書店の場合、仕入れに占める取次経由の比率は二〇%から三〇%程度といわれているが、日本の書店はほとんどを取次から仕入れている。

日本の取次は日販やトーハンといった大手取次から中小の専門取次まで合わせると四十社弱[11]あるとみられるが、このうちの上位七社、すなわち前出の大手二社と大阪屋、栗田、太洋社、中央社、協和出版販売が総合取次として多くの書店に商品を供給している。一九九〇年代後半からの雑誌市場の縮小は、これら取次各社の経営にも打撃を与えている。

取次の経営構造も、書店と同様に雑誌流通に支えられてきた。そのため、雑誌の販売数減少は経営の悪化に直結する。これを端的に示しているのが、第三位大阪屋の財務の推移だ（本書第1章第1節「「出版不況」の正体とは」を参照）。

取次にとってのプロフィットセンター、すなわち雑誌が長期的に縮小しているために取次各社の経営的な余裕は失われつつあり、各社は縮小する市場のなかで売上高を維持するため、激しいシェア競争をおこなっている。特に二〇一二年は、売上第三位の大阪屋の取引先だった「Amazon」が主要取引先を日販に変更したのをはじめ、ブックファーストがトーハンの傘下に入るなど、大きな取引先の変更が相次いだ。

こうした大手二社の取引先拡大の一方で、大阪屋は仕入れや物流の拠点としてきた東京支社社屋を売却し、第四位の栗田も東京・板橋区の本社と物流施設を売却した。両社は数年前に業務提携し、共同で新物流センターOKCを開設していたので、それぞれが物流拠点をもつ必要はなくなっていたが、それでも社屋の売却には、単なる機能移転にとどまらない経営的な要請があったとみられる。

そして現在、売上高でトップになっている日販は、取引制度の転換に向けて進んでいる。つまり、「委託」から「買い切り」への転換だ。雑誌市場が構造的に縮小していき、書籍市場も拡大が望めない時代にあって、書籍の取引を「買い切り」にして返品というムダを削減し、書籍の収益力を高めることで、これまでの「雑誌依存」の経営構造から脱しようとしている。

同社はこの方向転換に向けて二〇〇〇年代のはじめから「トリプルウィンプロジェクト」をスタートさせ、出版社や書店との間で返品するとペナルティーが発生する新契約を締結してきた。そして、二〇一五年までに書店からの返品率を二五％（現在は三〇％台前半）にし、書店の粗利益率を三〇％（現在は約二六％）に引き上げるという目標を掲げている。

この方向性は、書店にとって粗利益の拡大につながるが、一方で在庫や仕入れのリスクを高めることにもなり、ビジネスとしてみた場合、書店は、これまでのような低リスク・低リターンの事業ではなくなることを意味する。

これからの書店は、自らリスクをとって、主体的な仕入れによって店舗の魅力を高めなければならないという課題を抱えているが、同時に足元の取次システムも大きく変わろうとしているのだ。そういった意味で、書店の未来にはきわめて厳しい道が続いている。そしてその道を進む覚悟をもつ書店だけが、次の時代を切り拓いていくといえるだろう。

注

(1) 海外調査。「平成二十二年度 書籍等デジタル化推進事業――電子出版と紙の出版物のシナジーによる書店活性化事業〔調査報告書〕」一〇四ページ(http://www.meti.go.jp/policy/mono_info_service/contents/downloadfiles/120307-1.pdf)[二〇一三年五月二十八日アクセス]
(2) 経営相談センター編「二〇一一書店経営指標」第四十九号、日本出版販売、二〇一一年、二八ページ
(3) 小川道明「雑誌ブーム万々歳か?一九八〇」『棚の思想――メディア革命時代の出版文化』影書房、一九九〇年、四〇ページ
(4) 大島英美「ブックエキスポ・アメリカ二〇一一雑感」「文化通信」二〇一一年六月六日付
(5) 前掲「平成二十二年度 書籍等デジタル化推進事業」二五二ページ
(6) 「デジタル・ネットワーク社会における出版物の利活用の推進に関する懇談会報告」(http://www.soumu.go.jp/main_content/000075191.pdf)[二〇一三年五月二十八日アクセス]
(7) 前掲「平成二十二年度 書籍等デジタル化推進事業」

（8）「平成二十四年度　書籍等デジタル化推進事業——ネット書店に負けないリアル書店の活性化事業〔調査報告書〕」（http://www.jpo.or.jp/select_pdf/data/sec/report01.pdf）［二〇一三年五月二十八日アクセス］

（9）嶋浩一郎「偶然の「出会い」がある雑誌と本屋」「文化通信」二〇一一年十一月七日付

（10）佐野衛『書店の棚 本の気配』亜紀書房、二〇一一年、一六ページ

（11）柴野京子「取次の産業構造」、日本出版学会編『白書出版産業二〇一〇——データとチャートで読む出版の現在』所収、文化通信社、二〇一〇年、一一八ページ

（初出：「情報の科学と技術」第六十三巻第八号、二〇一三年）

4　デジタル化でみえてきた書店の役割

出版物が電子化されたら書店はなくなってしまうのだろうか。電子書籍が注目を集めるなかで、多くの書店人がそういう不安を抱く。報道などで、電子書籍が普及すれば書店をはじめとした流通どころか、出版社も不要になってしまうといった論調もみられるのだから、不安を抱くのも無理はない。

一方で、書店をのぞいてみると、これまでと変わりなく人々でにぎわっている店は少なくない。

最近、首都圏で、少数ではあるが、駅周辺の比較的小規模な書店で、深夜まで客足が絶えない光景を見ることができる。そんな書店を見ていると、電子書籍の影響は、まだ書棚に並ぶ〝電子書籍関連本〟の売れ行きぐらいのものだ。

そんな元気な書店の一つに、あゆみブックスがある。二〇〇九年から一〇年にかけて、JR中央線沿線の高円寺駅などに三十坪から四十坪の店舗を出して、けっこう繁盛している。同書店のフランチャイズとして西荻窪に出店した颯爽堂という書店も、当初想定していた売上高を上回る成績だという。確かに三十三坪の店舗は、休日には周辺住民でにぎわい、平日も閉店時間の午前一時近くになっても店内に人の姿がある。

書店の数はこの十年あまりでかつての六割ぐらいに減っているし、いまも年間千店近くが閉店している。しかし、それは〝電子書籍〟の影響などではなく、出版市場が飽和し、世界的にもきわめて数が多かった書店が、淘汰されているというのが理由だ。

小規模書店が見つけた「本屋さん」という原点

にぎわっている書店は、電子書籍に対してそれほど悲観的ではない。むしろ、電子書籍やオンライン書店などの〝ライバル〟の登場によって、自分たちの仕事に明確な目標を与えられたように感じている書店人もいる。

熊本市内で明治期から営んできた長崎書店は、二〇一〇年九月に、出版社のお仕着せフェアではなく、熊本県在住者や出身者などが選んだ文庫百冊のフェアをおこなっているが、まさに「ネットや電子書籍にはできないこと」を意識して、あえて規模の小ささと地域性を生かす試みに取り組んでいる。

そういう書店が大切にするのは、品揃えや棚の構成などによって店舗の質を高めることと、著者や読者を巻き込んだイベントの開催といった、書店として本来当然するべき活動だ。

店舗が小さいからこそ、日々来店する近隣のお客に合わせた本を選び、陳列に気を配る。買い物ついでに寄る親子連れに向けて子どもへの読み聞かせを実施したり、お客に選んでもらった本のフェアを開いたりする。また、近くに書き手が住んでいれば、そういう人たちの本を並べ、出版社のつてを頼って著者のイベントも企画する。

通勤通学の途上などに、いつも何かしら発見がある面白い書店があれば、ついつい寄ってしまう。この最寄り性があるからこそ、終電車近くなってもお客が絶えない書店があるのだ。

少なくともいまのところ、こうした楽しみはネット書店には期待できない。そしてどんな本でもそろう超大型書店はかえってオンライン書店と競合してしまう。少ないが固定客を抱える小規模書店だからこそ、といえる。

書店が小売業として生き残っていくために

話は少し脇にそれるが、辞書は電子化されることで「検索する」という本来の機能が際立った。紙の辞書制作の場合は、多くの項目を収録するために、極限まで薄い紙で作るといった、本来の中身とは関係ない作業に時間と労力を費やしてきたが、電子化することで、辞書の機能そのものが明確になったように思う。

地図も、カーナビゲーションに組み込まれることで、目的地に到達するという機能に特化された。その一方で、冊子版の世界では、古地図と現代地図を組み合わせて解説をつけた地図や、〝女性の温泉旅行〟とか〝鉄道趣味〟といった特定の目的に合わせたユニークなガイドブック的なものが増えている。

それと同じことが、先に紹介した小規模書店にもいえるような気がする。確かに大きな流れとしては、情報のデジタル化は非可逆的に進んでいくだろう。粘土板や竹・羊の皮が紙になり、冊子に綴じられ、手写本から印刷物に変化してきたように、文字を伝達する媒体が変化することは特に珍しいことではない。

そういう意味で、〝本は絶対になくならない〟とか〝電子と本が併存するから〟といった言い方で、書店の将来が暗くないというつもりはない。

しかし、電子的な文字の流通と伝達の方法が登場したことによって、書店も〝空間〟としての機能が明確になっているように思う。そのことに真正面から取り組んで、店の質を高めている書店を見ると、確かに自分が書店に感じてきた魅力を再確認することができる。その魅力を発信し続けていれば、少なくとも筆者はこれからも書店に立ち寄るだろう。

書店の根本は、本を売る場所である以前に「小売業」だ。小売業にとって最も大切なのは〝本〟ではなく〝客〟だ。その客を満足させるために、本という専門領域で力を尽くすのが書店人の仕事だろう。

実は現在、老舗といわれる書店のなかには、かつて書店以外の商売をしていたところも多い。江戸時代からその場所で商売をしてきたが、あるときは酒屋、あるときは雑貨屋などを経て、いまは本を商っているというケースだ。

いま、電子化時代にあって、小売業として本を売る仕事を極めることができれば、たとえ将来、大部分の本が電子媒体となって流通する日がきたとしても、小売業として生き残っていくことは可能だと思う。なにせ、わたしたちの周りには決して電子化できない商品のほうが多いのだから。

（初出：「Journalism」二〇一〇年十月号）

5　〝街の本屋〟の復活をめざすモデル書店

二〇一二年七月、東京の下北沢にB&Bという書店がオープンした。売り場面積は三十坪弱と小規模だが、「これからの街の本屋をめざす」という目標を掲げ、街の書店が経営を維持し継続させるための工夫を試みていることが、これまでにない特徴だ。

この書店を作ったのは、ブックコーディネーターの内沼晋太郎と、博報堂ケトルという会社の代表を務める嶋浩一郎。

内沼は大学生の頃から、書店でアルバイトをしたり本に関するイベントを手がけたりして、いまはNUMABOOKSという事務所を作り、いろいろな小売業の書籍売り場をコーディネートするなどの活動を続けている。一方の嶋は、広告代理店である博報堂で広告の仕事をするなかで、書店人が選ぶ本屋大賞を仕掛けたり、雑誌の書店特集に参加したり、本や書店に関わる仕事を数多く手がけてきた。

これまで外から書店について語り、書店に関わる仕事をしてきた二人が、あえて「街の本屋」を立ち上げたのは、自分たちが必要だと思う小規模な最寄り書店が消えていくことに危機感をもったからだという。

本との偶然の出会いを駅近書店で実現したい

二人が考える「街の本屋」とは、「本との「偶然の出会い」を街ゆく人の日常のなかに生み出すべく手を尽くすこと。それが「街の本屋」」だという(1)。オンライン書店や大型書店、そして電子書籍などを否定するわけではないが、それらとは違った本との出会いの場としての「街の本屋」が必要だという思いだ。

広告代理店がらみの企画というと、話題性で人目を引き、協賛を募って宣伝するといった短期的なイベントというイメージをもたれるかもしれないが、B&Bは長く続けることをめざしている。開店費用は内沼が代表を務めるNUMABOOKSと、嶋の博報堂ケトルが出しているが、家賃が安い物件を探し、人件費も結構切り詰めている。そして、こうした費用をまかなうための収入源をいろいろと準備しているところをみても、この試みが、ほかの人にも再現可能なモデル作りをめざしていることがわかる。

場所は、下北沢という多くの人が集まる街で、駅から徒歩一分足らずという好立地だ。しかし、店舗は外からではちょっと目につきにくい雑居ビルの二階、かつては焼き肉店が入っていたというかなり老朽化した建物だ。場所はいいが、家賃は相当に安そうだ。

従業員は脱サラで加わった元重慎太郎店長を含めた正社員三人。そのほか、無給で手伝いたいと参加するサポーターが三十人ほどいるという。店は常時だいたい二、三人で切り盛りしている。

●本棚、椅子、机にも値札――夜はトークイベントも

この書店で、店内の棚や机、椅子などの什器をよく見ると、小さな値札がついている。アンティークショップと提携し、ショールームとして家具を陳列し、すべて販売もしているのだ。そのため、什器の導入費用はかからず、家具を販売すれば一定の手数料が入る。本以外の文具や雑貨類も販売している。

そして店名のB&BはBOOK&BEERの略であり、生ビールをはじめとしたドリンク類も出す。すべて一杯五百円で、ビール片手に棚を見て歩くこともできる。

また、この店で最大の特徴といえるのが、毎日開かれるイベントだ。営業時間が十二時から二十四時と遅いのだが、二十時頃から二時間ほど、店内でトークイベントを開催する。店舗の約半分をカーテンで仕切ったスペースに、三十人から五十人程度の席ができる。作家や評論家、研究者、編集者、ブロガーなど多種多様な人が講演や対談などをおこなう。参加料は千五百円と一ドリンクだ。

通常、書店のイベントというと、最近本を出した著者や、写真集を出したタレントなどが、サイ

ン会やトークをおこなうことで、ほとんどが本の販売促進を目的にしている。しかし、B&Bでは、イベント自体を収入源として想定している点がユニークだ。

このように本以外の事業を手広くおこなっていると、肝心の本に手が回らなくなるのではないかと思われるかもしれないが、二人はすべてが本を生かすために存在すると考えている。

一つ一つ違う什器に本を並べることで本の個性を引き立たせ、本を選ぶ時間を豊かにするためにビールも出す。そして、本にまつわるさまざまな情報を得たり、著者本人と交流したりできる空間とイベント。すべてが本と人々の出会いをつくるために存在するという位置づけだ。

書棚を見ると、一般的な書店のような「文芸」「文庫」「実用」といったジャンル分けはされていない。やはり、こだわった品揃えに見える。かといって、書店人の好みで一方的な品揃えをしているわけではない。あくまで街の書店として、下北沢の人々のニーズに合わせた幅広い商品構成をめざしているという。

本の仕入れは、大手取次のトーハンからだが、当初の取引交渉で同店のコンセプトと事業のスタイルを説明し、雑誌とコミックスの新刊以外は通常の見計らい配本を受けず、書籍はすべて同店のスタッフが注文して仕入れている。もともと本へのこだわりが人一倍強い二人が始めた本屋だけに、この点は徹底している。

このところ書店の新規開業がほとんどない。特に、小規模書店を創業するケースは皆無といえる状態だ。そんななかで、あえて〝新刊書店〟を通常の〝取次ルート〟で始めた今回の試みが、周囲の住民にどのように評価されるのかは、今後の「街の本屋」の存続を考えるうえで一つの試金石になるだろう。

注
（1）同店のウェブサイト「ABOUT B&B」（http://bookandbeer.com/about/）［二〇一二年十月二十日アクセス］

（初出：「Journalism」二〇一二年十一月号）

第３章　闘うアメリカの独立系書店

1　アメリカの書店組合ＡＢＡのマーケティング戦略

●ＡＢＡマーケティングオフィサーのマイケル・ホインズに聞く

アメリカ書店組合（ＡＢＡ：American Booksellers Association）は、チェーン書店に好条件を提供していた大手出版社を訴えるなど、大手との対決姿勢を鮮明にしてきたが、最近ではマーケティングプログラム「ブックセンス」をスタートさせている。苦境に立っているといわれるアメリカの独立系書店だが、マーケティングオフィサーであるマイケル・Ｆ・ホインズの話には、生き残りへの手応えをつかんだという力強さがあった。以下、ホインズの話を要約する。

▼「決定権は消費者がもっている」

独立系書店は十二年前の約五千店から半減し、二〇〇三年現在、約二千五百店になっている。このうち、約千九百店がＡＢＡに加盟している。このほか、バーンズ＆ノーブルズやボーダーズ、ウォルデンブックスといった全国チェーン書店が約二千店ある。

書籍の販売ルートに占める書店の割合は三七％で、一五％が独立系書店だ。このほか、インターネット書店が八％、ブッククラブが二二％、ウォールマートなど量販店が六％で、あとはスーパーマーケットやニューススタンド、ドラッグストアなどが占めている(1)。

新刊書市場はここ十五年間、横ばいで推移しているが、大手チェーン書店やアマゾンコムが登場し、パイを食い合った。しかも、大手チェーンはベストセラーの発売後一、二カ月間は三〇％から四〇％値引きで販売したが、独立系書店はそんな値引きが難しいため淘汰が進んだ。その結果、かつて三三％だった独立系書店の販売シェアは、一九九八年には一五％まで低下した。

また最近の傾向として、本の価格が上昇し、消費者が新刊よりも古書を買うようになったため、古書の販売額が書籍市場の五％に達している。

一方でいいニュースもある。独立系書店はここ五年間、一五％のシェアを維持していて、これが最低線で、ここから販売を拡大すればいいという気持ちになっている。

さらに、四年前にはパイを拡大するためのマーケティングツール「ブックセンス」を導入し、そこで市場調査、ギフト券、ブックセンス・コム、ベストセラーリポート、ブックセンス76などを展開している。

市場調査はマーケットリサーチの専門会社に委託し、調査結果はＡＢＡが書店に役立つように解析して提供している。お客が何を欲しているかをつかみ、大手チェーンが提供できないサービスを見つけ、それを実際に導入することが、唯一残された道だからだ。消費者が決定権をもっているのであり、消費者が古書を買うという結果を受けて、最近は独立系書店が新刊に古書を交ぜて売るようになった。

ギフト券は、遠方の人に本を送るニーズに応じて始めた。五十州にまたがる千二百五十店のブックセンス加盟店で利用可能で、大手チェーンのギフト券に対抗できる。二〇〇三年からはカードシステムも導入した。

また、書店を利用する人は平均で年間二十冊購入し、このうち八冊を独立系書店、二冊をオンライン書店で買っている。この二冊を失わないように、ブックセンス・コムをスタートした。書店の利用料金は一カ月千七百五十ドルだが、独立系書店が「Amazon」と同等のサービスを提供できる仕組みで、三百書店が利用している。

ベストセラーリポートとブックセンス76は消費者向けのツールとして、加盟店店頭で無料配布している。

ベストセラーリポートは、毎週月曜日に四百書店から前週のPOSデータを集めて作成している。読者が売れ筋情報で本を買うという調査結果から、ブックセンス自身がベストセラーリストをもつ重要性を認識したものだ。

ブックセンス76は、二カ月に一回、加盟書店人が推薦するお薦め本のリスト。この企画は出版社からも評価され、取り上げてもらいたい本を加盟店数分（千二百五十冊）送ってくるようになった。それをまとめて箱に入れたホワイトボックスを、毎月加盟店に送っている。

ブックセンスを始めたことで、ＡＢＡは自信を取り戻した。会員からも、ブックセンスのおかげで競争に勝ち残れるという声が出ている。

ＡＢＡの活動へのニーズは常に変化していて、三年ごとに会員の要望を受けて戦略の見直しをおこなっている。バーンズ＆ノーブルは出版社を買収して独自に出版を始めているし、最近は出版社が直接本を売るようになってきた。そのほかにもさまざまなことが、今後の十年に起きてくるだろう。ＡＢＡはそれにも立ち向かっていかなければならない。

注

（1）ニューヨーク在住の出版エージェント大原ケイによると、二〇一三年には、「典型的な一般図書の大手版元のリテール先」は、「Amazon」が三五％、ウォールマートやターゲットなど大手量販店が三〇％、大手書店バーンズ＆ノーブルが一五％などで、独立系書店のシェアは八％程度になっているという。

（初出：「文化通信」二〇〇三年六月三十日付）

2　アメリカ最大の独立系書店パウエルズのビジネスモデル

オレゴン州ポートランドにあるパウエルズブックスは、アメリカで最も成功している独立系書店だ。圧倒的な品揃えを実現し、新刊書と古書を併売している。「死んだらパウエルズに埋葬してほしい」というほど熱烈な顧客もいて、大手チェーン書店を寄せ付けない。その背景には徹底した単品管理、優秀な人材、そして常に顧客のニーズに合わせてサービスを進化させていく柔軟さと、それを実現するためのビジネス戦略がある。

新刊と古書の併売で生き残る

「バーンズ&ノーブルやボーダーズなどスーパーブックストアは広大な店舗に大量の新刊書籍をそろえているので、新刊だけを扱っていたら独立系書店が勝てる可能性はない」と、同社の創業者で社長のマイケル・パウエルは話す。

日本では出版社が書店の古書併売に反発するが、同社にも当初、〝古書を返品するのではないか〟と大手出版社からクレームがついた。しかし「最初の年だけで、その後そうした批判はない。当社は新刊を最も売る独立系書店のひとつであり、出版社はなによりも本を売りたいのだから」と、パウエルは意に介さない。

本店出入り口の一画に、各国語の本をかたどったモニュメントがある。パウエ

マイケル・パウエル

各国語の本をかたどった
モニュメント

ルに聞くと、「死んだらパウエルズに埋葬してくれと遺言した客の遺骨が眠っている」。この店で出会い、店で結婚式を挙げたカップルもいる。ポートランドにはスーパーブックストアが十店あるというが、パウエルズの周囲にそうした店は見当たらない。

在庫百万冊のうち三分の二が古書。おかげで出版社が絶版にした本も販売できる。来店した作家が次作の資料として八箱分の書籍を購入したといった逸話もあり、在庫量と低価格が顧客の絶大な信頼を支えている。

パウエルは当初、古書と新刊を別々の場所で扱っていたが、「古書と新刊を分けたら客は二つの場所で探さなければならない」と、新刊・古書を交ぜてジャンル別に陳列する現在のスタイルに移行した。「独立系書店の役割を自分自身に問う場合、最初に考えなければならないのは、お客が何を求めているかということ」――この視点から古書併売によって、本なら何でもある品揃えと、低価格で提供するという二つのメリットを実現したのだ。

数年前、ブックエキスポ・アメリカ（BEA）の講演にゲストスピーカーに招かれたアマゾン・コムのジェフ・ベゾス会長が「僕はマイケル・パウエル氏をとても尊敬している」と発言したそうだが、豊富な在庫と低価格を実現するという「Amazon」の顧客サービスコンセプトは、パウエルがリアル書店でめざしてきたものと一致している。

一九七〇年にシカゴ大学大学院に在籍中だったパウエルは、「お金がなかったから」と友人や恩師から三千ドルを借りて、まず古書店を創業した。シカゴ以来、彼とともに移動してきた古い木製棚はいまでも倉庫にある。「みんなは古いから捨てるべきだというけど、これが僕の原点なんだ」

一九七四年に生まれ故郷のポートランドに戻り、自動車販売店だった店舗を買い取って現在の本店を開業。当時の面影をとどめる七千平方メートル（約二千百二十坪）の本店と、理工学書専門店、旅行品専門店、空港売店など八店舗を経営している。

年間売上高は約五千万ドル（六十億円相当）。従業員は店舗・倉庫・事務部門など合わせて四百八十九人。ほとんどがフルタイム雇用で、「パウエルズの店員は客からの質問を待っている」と評価されるほど、質の高い書店人が多い。そのため、人件費比率は売上高の三〇％にものぼる。

売上比率はリメインダーが七％、新刊と古書がほぼ半々で、トータルの粗利益率は五二％に達する。書店の粗利が平均四〇％というアメリカでも高水準だ。それぞれの粗利益率は新刊書が四二から五〇％、リメインダーが八〇から九〇％、古書が八〇から八五％。これを合わせることで高い利益率を達成している。

パウエルの原点である木製の棚

古書やリメインダーを低価格で提供する一方、新刊書は値引きしない。利益をしっかり確保し、人材やシステムに投資する戦略が明確なのだ。

新刊・古書・リメインダーを合わせて毎日一万冊の商品が入荷するが、仕入れ方法はそれぞれ違う。

新刊書は各店のバイヤーがカタログなどを見て出版社に発注する。補充や小規模出版社の小ロット品については、取次のイングラムから調達する。リメインダーは本部に専任バイヤーが一人いて、彼が全店分を発注している。

古書は主要店舗に買い取り窓口を設け、専門の担当者が日々の予算に基づいて客から買い取って

ネット販売の出荷もおこなう2002年に開設した倉庫

配送用の自社トラック

いるほか、イギリスにも買い付け担当者を置いている。アメリカには日本の古書市場にあたるものがないため、店頭買い取りが大部分だ。

新刊書とリメインダーは、倉庫に入荷したものを各店に自社便で配送する。入荷を一カ所に集めることで、出版社から二％の特別ディスカウントを得ることができるからだ。このディスカウントはもともと大手チェーン書店向けに提供されていた特典だったが、ＡＢＡが差別的条件として出版社を提訴して勝ち取った。

こうして入荷した新刊と古書は倉庫でデータベースに登録される。本に付いているＩＳＢＮのバーコードをスキャンして、担当者が新刊、古書、古書なら本の状態、リメインダーなど十二の商品分類、価格、ジャンルなどを入力すると、自家用バーコードラベルが出力され、これを一冊ごとに貼っている。

パウエルズはこうした完全単品管理をおこなっていて、毎朝、パウエルのもとには前日の分類別売上金額と在庫金額のレポートが届く。これに基づいて仕入れと古書買い取りの予算をコントロールするのが、社長であるパウエルの主な仕事だ。

パウエルズはこれまで二つの倉庫で新刊と古書の管理をおこなってきたが、二〇〇二年に六千平方メートルの新倉庫を購入した。今後は、データベースの作成と在庫はこの倉庫に集中するという。ただ、新刊書についてはほとんど在庫をもたない。「新刊はイングラムを倉庫がわりにしている。注文すれば翌日届けてくれるから」だ。

倉庫をもつ最大の理由は、インターネット販売に対応するためだ。一九九四年から始めたネット販売は全売り上げの三〇%まで成長していて、顧客の九五%を州外在住者が占める。来店する地元の客以外に、ネットが新たな顧客を開拓しているのだ。

「Powelles.com」(http://www.powells.com/)では倉庫と店頭に在庫する古書を販売している。新刊はデータベースをイングラムの在庫管理と接続し、顧客への出荷まですべてイングラムが担当している。原則として六ドル以下の古書は採算が合わないのでオンラインでは扱わない。

最近ではイギリスのガードナー、ドイツのリブリといった海外の取次業者とデータベースを接続する話を進めていて、パウエルは「世界中の本を取り込みたい。将来は日本の取次(ホールセラー)とも話をしたい」と考えている。

検索結果には商品の在庫状況と在庫品ごとの価格が表示されるので、顧客は同じ本でも違う価格の在庫を選択することができる。在庫状況は、倉庫在庫はリアルタイムで、店頭在庫は一時間おきに更新し、受注した書籍のうち九三%が出荷可能だ。自社倉庫には出荷ラインがあって、新刊と古書を一緒に注文した場合は、ここで荷合わせしている。

手数料は、国内向けが配送のスピードや方法の違いによって一件あたり二ドル五十セントから十四ドル、一冊あたり一ドルから三ドルに設定されていて、五十ドル以上の購入では無料になる。データベースはもともと単品管理用に作成していたものだし、新刊は調達から出荷までイングラムが担っているため、「インターネットで売ったほうがコストは安い」。

「インターネットは産業的変革であり、やらなければ大きなビジネスを失うことになる。この世界でも古書は高いポテンシャルをもっており、新刊の世界は「Amazon」がやり尽くしているので、古書のウェブ販売を導入する必要がある」とパウエルは話す。実際、ネット販売では古書の売り上げが七五％を占める。

アメリカでは、一九九〇年代にスーパーブックストアと呼ばれる大手チェーン書店が勢力を拡大し、ＡＢＡによると、十二年前に約五千店だった独立系書店は現在、約二千五百店まで減少したという。

こうしたなかで、独立系書店が生き残るには、「スーパーブックストアがこないところでやっていく小規模店になるか、古書を扱うことの二つだろう」とパウエルは考えている。

ＡＢＡの仲間にもそのことを訴え、実際に新刊と古書の併売を始めた同業者もあるが、店舗規模の制約や考え方の転換が難しいといった問題がある。しかしパウエルは、「古書を扱うことに心を開けば面白い。新刊の箱を開けても同じ本が数十冊入っているが、お客さんがもってくる古い本を見るのは、本好きにとって毎日がクリスマスだ」と笑う。

アメリカとは環境が違うとはいえ、日本の独立系書店も厳しい局面に立たされていることに変わりはない。

流通や取引の形態がまったく異なっているとしても、激しい競争のなかで積極的に書店業に取り組むパウエルの戦略は、ヒントを与えてくれるのではないだろうか。

（初出：「文化通信」二〇〇三年六月三十日付）

●――写真でみるパウエルズブックス

▼パウエルズブックス本店

もとは自動車販売店だった七千平方メートル（約二千百二十坪）のパウエルズブックス本店。所在地はオレゴン州ポートランド。ちなみにポートランドの人口は五十二万人（オレゴン州全体では三百四十二万人）。

▼粗利益率は五二％

古書を扱うことで出版社が絶版にした本もそろえ、大手チェーン書店の値引きよりも低い価格で提供できる。さらにトータルの粗利益率が五二％という高利益率を実現している。アメリカでは、大手チェーン書店が一九八〇年代に大幅な値引き販売で市場を席巻し、九〇年代には大型店舗スーパーブックストアを各地に展開したため、独立系書店はこの十年あまりで半減したといわれる。マイケル・パウエルは、チェーン書店に対抗して独立系書店が生き残るために古書併売戦略を実施し、ABAの場で仲間の独立系書店にも提唱してきた。

▼圧倒的な商品量

巨大な棚には新刊・古書が差しで陳列されている。日本関連の英語書の棚が四本もある光景は、ニューヨークの大型書店でもお目にかかれない。リメインダーは各ジャンル棚の前に「SALE」の

自動車販売店を買い取って増築した本店

高い棚に多くの本が並ぶ店内

表示を付けて並べられている。「バーゲンブックは、はっきりとそのことをわからせないと売れない」というパウエルの経験によるものだ。

▼古書は店頭で買い取る

古書はすべて店頭で買い取っている。担当者がチェックして買い取れるものとそうでないものを選別する。ここでバーコードを読み取れば、その本が新刊・リメインダー・古書でどれだけの在庫があるのか、仕入れ価格、販売価格などを確認することもできる。買い取りは古書専門の担当者がおこなっていて、彼らは交代で、買い取った古書のデータベース登録作業もおこなっている。

▼徹底した単品管理

入荷した新刊書・リメインダー・古書は、五ドル以下の古書を除いてすべてデータベースに登録し、独自のバーコードを添付して単品管理を実施している。パウエルのもとには毎朝、前日の販売額・冊数、そして在庫額・冊数がカテゴリーごとに報告される。それをみて、古書の買い取り金額や新刊の発注量を指示している。

▼三〇%の人件費

従業員はほとんどすべてがフルタイマーで、人件費比率は売上高の三〇%に達する。店頭の社員、バイヤー、データベース登録の担当者など、商品知識が豊富な人材がそろっている。仕入れ原価は新刊書が四二から五〇%、リメインダーが一〇から二〇%、古書が一五から二〇%で、トータルすれば四八%、つまり、五二%の粗利益率が高コストを支えている。

いつもお客が並んでいる古書の買い取り窓口

自社で出力して本に貼るバーコードラベル

新倉庫の外観

100万冊の古書を単品管理している倉庫

▼新倉庫

二〇〇二年に六千平方メートルの倉庫を購入し、古書百万冊の在庫、データベース登録作業の一部、インターネット販売の出荷、ウェブ制作、カスタマーサポートなどの機能を移した。ネット用出荷ラインは倒産したＥＣ企業から市価の十分の一で購入したという。倉庫はフリーロケーションでリアルタイムで単品管理されている。

（初出：「文化通信ＢＢ」二〇〇四年七月二十六日付増刊）

第4章　いよいよ本格化する電子出版

1　電子書籍元年とは何だったのか

ここ数年、一般的な新聞や雑誌、テレビといったマスメディアで、「電子書籍」という用語が特に注釈なしに使われるようになった。しかし、この言葉が実際に「電子書籍」を扱う人々の間で普通に使われるようになったのは、それほど古いことではないようだ。だが、以前からこの領域に携わってきた人々は、「電子書籍」という言葉を使う場合、多少の違和感を覚えるのではないだろうか。

日本で出版物を電子的な方法で提供する試みは、古くはデータベースサービスとして一九七〇年代にスタートした。より出版物に近いパッケージメディアの提供は、八〇年代のCD-ROMによる辞事典コンテンツから始まったといわれているが、当時からごく最近まで、主にこの領域は「電子出版」という言葉で表現されてきた。

これはCD-ROMによる出版が始まった当初、すなわち一九八六年に出版社などが設立した団体が日本電子出版協会（JEPA＝Japan Electronic Publishing Association）だったことからもわかる。おそらく、「電子書籍元年」と呼ばれた二〇一〇年頃までは、電子出版の対象を「書籍」に限るという考え方はあまりなかったのではないだろうか。

この言葉の使用について詳細に調査したわけではないので、こうした使用法の変化はあくまでも個人的な印象にすぎない。しかし、このことは、日本の電子出版の流れとその影響を象徴的に示しているように思える。つまり、日本の出版産業が抱える独特の構造と、その構造をもつがゆえに被っている電子化の影響である。

本節ではまず、日本の産業構造を前提にして電子化の影響をみていくことで、わが国の出版産業が抱える課題を明らかにする。そのうえで、この間の電子化に対する政府や出版事業者などの対応、今後の展望などについて述べてみたい。

日本特有の電子化による影響

▼書籍と雑誌

「電子書籍」という言葉から想起されるのは、電子の〝本〟というイメージだろう。ここでいう〝本〟とは、主に小説や学術書など、一つの完結したコンテンツがパッケージされた冊子体のことであり、これが出版物のなかで書籍と呼ばれる形態だ。

書籍には単行本・文庫・新書といった判型による区分や上製本・並製本といった造本による区別

があるが、いずれも一冊のなかで内容が完結している。もちろん、上下など数巻に及ぶものもあるが、これは冊子にまとめる場合の物理的な制約から複数巻になっているにすぎない。

他方、出版産業が提供するもう一つの大きな商材が「雑誌」だ。書籍が単発で不定期に刊行されるのに対して、雑誌は定期的に刊行されるという刊行サイクルの違いがある。また、雑誌は書籍と違って複数のコンテンツが混在している。

こうした形態や刊行サイクル、内容の違いに加えて、書籍と雑誌はビジネスモデルも大きく異なる。書籍がほぼその販売だけによって収入を得るのに対して、雑誌は広告を掲載することで販売以外の収入源をもつ。日本の出版産業は、主にこの二つの商材を提供することで成立してきた。

▼日本特有の産業構造

日本の書店には小説やビジネス書などの単行本、そして文庫、新書、コミック、雑誌などが並んでいるが、世界的にみると、こうした光景はきわめて珍しい。海外旅行の際に書店に足を踏み入れると、わたしたちが親しんできた日本の書店とはずいぶん違った印象をもつはずだ。

つまり、多くの国、少なくとも欧米など主要先進国で「書店」といえば書籍を販売する小売店を意味し、雑誌やマンガはほとんど販売していないのだ。最近では、海外でも人気のマンガ（グラフィックノベルとも呼ばれる）を扱う大型書店が出現しているが、中小規模の書店では、少なくとも雑誌は販売していない。雑誌は主にニューススタンドやコンビニエンスストアなどで販売されている。

日本特有の形態は書店に限ったものではなく、わが国では出版物の取次が書籍と雑誌を一緒に運んでいるし、講談社・小学館・集英社といった大手出版社が書籍と雑誌、コミックを発行している。これも海外ではみられない形態だ。しかもこうした大手出版社は、書籍の販売収入よりも雑誌・コミックの販売収入や雑誌に掲載する広告から得る収入のほうが大きく、経営的にも雑誌・コミック収入への依存度が高い。

ちなみに、二〇一一年度の講談社の業績をみると、総売り上げ千二百十九億二千九百万円のうち、雑誌が七百四十八億三千四百万円、主に雑誌に掲載した広告で得た収入が八十一億五千六百万円で、書籍の売り上げは二百七十九億二千六百万円円だった(1)。このほかに版権収入など「その他」売り上げがある。雑誌と広告を足した額と書籍の売上額の比率は六六対三四だ。さらに、雑誌全盛期だった一九九六年をみると、雑誌七五対書籍二五と圧倒的に雑誌から得る収入が多かった。この傾向は、業界大手といわれる小学館・集英社などもほぼ同じだ。

しかも、定期的に購入する読者を想定できる雑誌は、すべてが新商品として刊行される書籍に比べて流通や販売のコストが低く、利益率が高い。特に雑誌連載をもとに単行本化されるコミックは、まさに「お札を刷っている」といわれるような高収益性を誇ってきた。

流通を担う取次にとっても事情は同じだ。計画的な流通が可能な雑誌は収益性が高いが、一冊ずつ内容が違い、末端の顧客から一冊単位の注文が大量に寄せられる書籍はロットでの流通が難しく、費用がかかる商材なのだ。

大手取次は千五百人以上の人員を抱え、東京都北西部から埼玉県にかけて複数の物流拠点をもっているが、その多くは書籍の集品(調達)・仕分け・配送・返品処理の業務に携わっていて、書籍部門は「コストセンター」なのが実情だ。

書店でも、紀伊國屋書店やジュンク堂書店などの大型店舗を除けば、雑誌収入への依存度が高い書店が多く、町中にある中小書店には雑誌の売上比率が半分から七割に達するところもある。

▼雑誌市場の縮小と電子メディア

だが、雑誌の売上冊数は一九九五年をピークに減少を続け、なんと二〇一一年にはピーク時のほぼ半分の規模にまで縮小している。(2) さらに、〇八年に世界経済を震撼させた「リーマンショック」以降、広告市場が一気に冷え込み、雑誌のマイナス傾向に追い打ちをかけた。

この間、巷間では「出版不況」と呼ばれ、書籍市場も縮小傾向にあるが、販売部数の落ち幅は二〇%程度で雑誌の半分以下にとどまっている。個人の所得が伸びず、図書館や大学、研究室などの図書購入予算が減るなかで、戦後一貫して拡大を続けた書籍市場がある程度縮小するのは当然の流れといえる。他方、雑誌の急激な需要減退は、これまで雑誌が提供してきた価値をほかのメディアが代替するようになった結果であり、雑誌のメディアとしての力が低下したと判断せざるをえない。

ここでいうほかのメディアとは、インターネットや携帯電話などの電子的な情報提供手段であり、デジタル技術による情報伝達の発達と拡大が、雑誌をメディアのメインストリームから引きずり下ろしつつあるといえるだろう。

広告についても、電通の調査によると、雑誌広告は二〇〇一年に四千百八十億円だったものが、一一年には二千五百四十二億円と三九・二%減なのに対して、インターネット広告は同期間で七百

三十五億円から八千六十二億円と十倍以上に増大し、いまや雑誌広告の三倍以上の市場になっている。(3)

個別の出版社の業績でみても、この間、雑誌の広告収入は電通調査と同様に大きく減少している。版権ビジネスやデジタルビジネスによる収入＝「その他売り上げ」が伸びているとはいえ、インターネット広告全体の伸びには遠く及ばない。既存の雑誌発行者もデジタル雑誌のビジネスモデルを模索してきたが、これらの数字から、雑誌発行者がインターネット広告の収入を取り込めていないことがわかる。

このように日本では、デジタルネットワークの拡大による情報流通の変化は、まず雑誌メディアの急激な需要減退という形で表れ、それが雑誌の収益に依存してきた大手出版社、そして出版産業の物流・決済などインフラ的な役割を果たしてきた取次の経営に打撃を与えている。

こうした状況は、雑誌の収益が書籍を支える、日本の出版産業に特有の内部補助の関係を危うくするものであり、主に書籍を製造・流通・販売している欧米諸国の出版産業での「電子書籍」による影響とは大きく違う点だといえる。

●「電子書籍元年」とビジネスの可能性

▼「電子書籍元年」までの電子出版

一方、書籍の電子化については、少なくとも二〇〇八年頃まではまだ遠い未来の話であり、ほとんどの出版社は本格的な取り組みを始めていなかった。

日本でのパッケージ型電子出版の嚆矢とされるのは、三修社が一九八五年に発売したCD-ROM『最新科学技術用語辞典』だが、その後、九〇年にソニーが八センチCD-ROMによる電子書籍プレイヤー「データディスクマン」を、九三年には日本電気（NEC）がフロッピーディスクによる「デジタルブックプレイヤー」を発売。さらに九九年から二〇〇〇年にかけて、出版業界が経産省の補助金によって「電子書籍コンソーシアム実証実験」を実施した。〇四年にはソニーが電子ペーパーを搭載した読書端末「リブリエ」を、松下電器産業（現パナソニック）が「シグマブック」を発売したが、いずれも事業化にはほど遠い「試み」に終わった。

その一方で、すでに電子的な提供法が一定の市場を形成し、いち早く従来の紙媒体に影響を与えた分野もある。その代表例は二〇〇〇年頃から市場を拡大した「電子辞書」、そして、いまや自動車には標準的に搭載されるようになった「カーナビゲーション」（地図）などだ。

▼「電子書籍元年」の背景

そうした流れのなかで、二〇一〇年に「電子書籍」がにわかに注目を集めたきっかけは、外資ネット企業と国立国会図書館という内外の動きだった。

まず、二〇〇九年二月に一般紙や一部の雑誌に掲載された広告が、出版業界の眠りを覚ました。それは、アメリカの検索大手グーグルがアメリカの出版社や作家との間で争っていた裁判に関するもので、和解案が整ったので、日本の出版社や作家に参加の有無を問いかける内容だった。

日本の出版社や著者の多くは、そうした訴訟が起きていたことさえほとんど認識しておらず、和解案の提示は青天の霹靂であり、まさに〝黒船〟の出現だった。

しかもこの広告は、和解に参加しない場合は連絡をするように（何もいわなければ参加したとみなす）という「オプトアウト」方式だったため、多くの出版社や著者の反発を招き、出版業界は大騒ぎになった。

この問題が出版業界に与えた影響は大きかった。出版社は、自社の書籍が電子化される可能性があり、現に自分たちがあずかり知らない外国で電子化が勝手におこなわれていたという事実を思い知ったのだ。

さらにまったくの偶然だったが、ほぼこれと時期を同じくして、国立国会図書館の電子化構想が準備されていた。グーグルの和解問題が顕在化した直後の二〇〇九年三月には、同図書館の蔵書を電子化することを可能にする国立国会図書館法と著作権法の改正案が提出され、また同年五月には、電子化のために百二十七億円の補正予算が議会を通過した。

国会図書館は、出版社や著作者が自ら出した本を納本する義務を負う「納本制度」（国立国会図書館法）をもつ図書館であり、原理的には日本で出版されるすべての本が納本されることになっている。国会図書館での電子化の進展は、日本で出版されたすべての本が電子化されることを意味し、もし電子化された蔵書がインターネットで公開されれば、全国民がいながらにしてすべての本を無料で閲覧できることになる。こうした状況も、当初は非常に限られた関係者しか認識していなかったが、グーグル問題がクローズアップされるなかで注目を集めるようになっていった。

このように、国内外でほぼ同時期に書籍の電子化の動きが顕在化したことで、多くの出版社が書籍の電子化を現実的な問題としてとらえるようになり、マスメディアの関心も高まっていったのだ。

▼電子書籍端末とビジネスの成立

この時期は、右のような出版物の電子化の動きとともに、アメリカなどで、電子化された出版物を閲覧するための端末の開発と普及が始まってもいた。日本の出版関係者にもアメリカの動きが伝わり、また実際に端末を目にすることによって具体的な電子出版ビジネスを予感したことも、二〇一〇年が「電子書籍元年」と呼ばれた要因だ。

電子書籍ビジネスが本格化するうえで、アマゾンが開発・発売した「Kindle」の存在に触れないわけにはいかない。現在、同社の日本法人が日本語版の発売に向けた準備を進めている(4)が、アメリカでは二〇〇七年に発売され、電子書籍市場で最大のシェアを占めているといわれる。

実は、日本で二〇〇四年に電子ペーパーを搭載した読書端末「リブリエ」を発売したソニーは、日本では成功を収めることができなかったが、同様の端末を「ソニー・リーダー」の名称で〇六年にアメリカとヨーロッパ各国で発売した。同じように電子ペーパーを搭載した「Kindle」は、「ソニー・リーダー」に触発されて企画されたともいわれているが、その後の電子書籍市場の拡大に大きく貢献した。

その理由は、なんといっても世界最大のオンライン書籍販売サイトであるアマゾン・コムが提供する端末だということだろう。

当初「Kindle」を購入したのは、通常のデジタル端末の傾向とは異なり、同社の発表によると半数以上が四十歳代以上で、六十歳代以上の利用者も多かったという。この事実は、従来から一定以上、書籍を読んできた利用者が、「Kindle」を使うようになったことを意味する。電子になったからといって、読者の属性が変わったわけではない。おそらく彼らはそれまでも「Amazon」のサイトで書籍を購入していて、それが電子に移行しただけなのだ。

電子ペーパーは液晶モニターなどとは違い、紙と同様に反射光を利用して読む表示装置なので、見た目も紙とあまり変わらない。かつて書籍の素材が羊皮紙などから紙に変化したときに、おそらく読者の多くは違和感を覚えなかっただろう。同様に、今回の素材の変化も読書の本質を変えるものではない。

本節冒頭の書籍と雑誌の分類で触れたように、書籍は「一つの完結したコンテンツがパッケージされた冊子体」だったが、電子書籍も「一つの完結したコンテンツがパッケージされたファイル」である。書籍としてのありかた自体は変わらず、表示装置である端末も単に素材が紙から変化した〝電子の紙〟だとすれば、この表示装置で読む電子書籍はこれまでの読書を大きく変えるものではない。そうしたことが、「Kindle」購入者の属性からうかがえる。

また電子になっても、書籍があくまでも一つのパッケージとして提供され、利用されるのであれば、物体だった書籍と電子書籍の違いは、主に流通の仕方だけになる。

こうした状況が、日本で、ほかのメディアに市場を奪われて存在価値自体が危うくなりつつある雑誌と、アメリカで、主に既存の出版社が既存の書籍販売業者だった「Amazon」で販売を拡大している電子書籍との差を生み出しているといえるだろう。

▼市場の拡大とカニバリズム

ただ、右の事実は、電子書籍の市場拡大が紙の書籍市場の縮小に結び付く、いわゆるカニバリズムにつながりやすいのではないかという疑問を生じさせる。

最近、日本の大手出版社の首脳や電子書籍関係の業界団体幹部などが、今後、電子書籍市場が拡大しても紙の書籍市場が縮小することはなく、新たな市場を生み出すといった趣旨の発言をしているが、はたしてそうなのだろうか。それは希望的観測なのではないだろうか。

少なくともアメリカでは、二〇一一年上半期、カニバリズムを示すようなデータが現れている。

アメリカの出版社団体であるＡＡＰ（Association of American Publishers）の統計（表1）によると、二〇一一年上半期の書籍販売額は前年比八・七％減となり、特に一般書籍やペーパーバック類が二〇％以上の減少を記録した。

このデータのもとになっているのは出版社十数社の報告なので、出版業界全体の実情を示しているかどうかの判断は難しいが、もう一つ、視聴率調査会社ニールセンが書店などの販売データから集計している「ブックスキャン」のデータでも、同時期に書籍全体で一〇％ほどの減少を記録し、特にミステリー、ロマンス、ＳＦといったフィクション部門は二〇％以上ものマイナスになっている。

二〇一一年春といえば、全米で四百店舗を展開していたアメリカ第二位のリアル書店チェーンのボーダーズが経営破綻し、ほとんどの店舗が閉店した時期である。ボーダーズの書籍市場でのシェアは八％程度だといわれているが、前出データでは、部門によってマイナス幅はそれよりも大きい。また、「ブックスキャン」で大きく紙の書籍売り上げが落ちたミステリー、ロマンス、ＳＦなどは、「Kindle」で最も読まれている分野に符合する。

表１　上半期書籍主要ジャンル販売額

アメリカ出版協会（AAP）　単位：万ドル

	2011年上半期	2010年上半期	増減率（％）
一般書ハードカバー（13）	47,110	61,780	▲23.7
トレイド・ペーパーバック（16）	52,140	71,010	▲26.6
マスマーケット・ペーパーバック（７）	23,250	32,530	▲28.5
YAハードカバー（11）	24,010	27,200	▲11.7
YAペーパーバック（10）	20,710	24,400	▲15.1
計	167,220	216,920	▲22.9
電子書籍（15）	47,380	18,130	161.3
統計	214,600	235,050	▲8.7

＊（　）内は報告出版社数

（出典：「出版広報」第337号〔日本書籍出版協会〕で紹介された「PW」誌掲載データで作成）

一方で、ボーダーズの閉店フェアが全国で展開されたために、二〇一一年第三四半期はペーパーバック全体の売れ行きが伸びて電子書籍の売れ行きが停滞したというデータもあり、いまの段階で明確な答えを出すことはできない。

ただ、日本でも今後、電子書籍の市場拡大が始まるとすれば、それが既存の取次と書店の事業にどのような影響を及ぼすのか、予断をもたずに見守る必要がある。

●日本の電子書籍市場の今後

▼日本の電子書籍市場

日本の電子書籍市場については、インプレスR&Dが調査をおこなっている。それによると、二〇一〇年の市場規模は六百五十億円(5)で、金額だけをみると、おそらくこの時点で世界最大の市場規模だ。

しかし、この市場を構成している主な電子書籍は、前項で触れた「Kindle」で読まれているような、文字を中心としたコンテンツではなく、「デジタルコミック」やBL（ボーイズラブ）、TL（ティーンズラブ）といった、携帯電話で読むアダルト系のコンテンツが全体の八八％を占めている。すでに国民一人一台以上に普及している携帯電話というプラットフォーム上で日本が誇るマンガコンテンツの市場が拡大するのは当然ともいえるが、出版市場全体からみると金額のわりに偏った市場になっている。

スマートフォンの急速な普及によって、こうしたコンテンツの市場はさらに拡大している。古くからオンラインでの電子書籍販売を手がけてきた電子書店パピレスは、二〇一一年上半期の売上高が前年同期比一四・一％増となった。その販売内容は、販売冊数五百九十五万三千七百五十九冊のうちコミック四百六十五万八千二百九十四冊、小説・ノンフィクション百七万千五百七十一冊、写真集十二万五千二百三十五冊、そのほか九万八千六百五十九冊だった。

こうしたコンテンツに対して、いわゆる電子書籍の市場は、まだほとんどないといっても過言ではない。二〇一〇年、紙の書籍が二百万部を超えるベストセラーになった『もし高校野球の女子マネージャーがドラッカーの『マネジメント』を読んだら』(6)の電子版が、iPad、iPhone 向けのアプリで発売され、十万ダウンロードを超える、電子書籍としては異例の売れ行きを記録した。また、二〇一一年末に講談社が刊行した『スティーブ・ジョブズ』(7)の電子版も、紙版と同じ一・二巻各千九百九十五円で販売したにもかかわらず、四万ダウンロードを超える大きな売り上げを記録している。

しかし、これら社会的に大きな話題になった電子書籍はきわめて希であり、学習用アプリなど一部のジャンルを除けば、多くの場合、電子書籍は〝三桁売れればベストセラー〟という状態が現在も続いている。

▼政府や出版業界の取り組み

市場が立ち上がらない理由は明確だ。販売すべき（購入すべき）電子書籍がまったく足りないのだ。

電子書籍を販売する電子書店がスタートする場合、しばしば販売する電子書籍数を数万点から十万点と発表するが、これらのほとんどは発売から相当時間がたった既刊本やすでに著作権保護期間が終了したパブリックドメインであり、日々書店店頭に並ぶ書籍が電子書籍でも提供されるような状況からはほど遠い。

「電子書籍元年」と呼ばれた二〇一〇年以来、政府も出版産業への本格的な支援を開始し、補助金も投入して電子書籍の市場活性化に取り組んでいるが、まずは電子書籍を増やすための基礎的な事業に着手している。

具体的には、電子書籍を制作する場合のフォーマットの標準化、電子書籍を識別するためのユニークなコード体系、外字・異体字の取り扱い、著作者との契約や著作権処理の仕組み、そして実際の電子書籍制作のための補助金などだ（表2）。

二〇一二年四月に設立された出版デジタル機構は、こうした政府による支援事業の一つの集大成

表2　政府による主な電子書籍支援事業

デジタル・ネットワーク社会における出版物の利活用の推進に関する懇談会	総務省、経済産業省、文部科学省
「新 ICT 利活用サービス創出支援事業」(電子出版環境整備事業)	総務省
著作権情報集中管理処理事業（電子出版物の契約円滑化に関する実証事業）	経済産業省
コンテンツ配信型・ハイブリッドビジネスモデル実証事業（デジタル・ネットワーク社会における出版物の利活用推進のための外字・異体字利用環境整備調査）	経済産業省
書籍等デジタル化推進事業（電子出版と紙の出版物のシナジーによる書店活性化事業）	経済産業省
書籍等デジタル化推進事業（ファイルフォーマット（中間（交換）フォーマット）の共通化に向けて不可欠となる国内出版社・印刷会社等への普及促進）	経済産業省
地域経済産業活性化対策費補助金（被災地域販路開拓支援事業（コンテンツ緊急電子化事業））平成23年度第３次補正予算事業	経済産業省
電子書籍の流通と利用の円滑化に関する検討会議	文化庁

といえる。

政府系ファンドである産業革新機構の百五十億円を中心に、主要出版社が出資者となって設立したこの会社は、まず出版社がもつ出版資産の電子化に取り組むことで、電子書籍市場の拡大をめざす。

ただ、こうした動きがある一方で、既刊の出版物を電子化するための困難も多い。

政府や業界の動きとは別に、アマゾンの日本法人は日本での「Kindle」発売に向けて、二〇一〇年初頭の出版社向け事業説明会で電子書籍への取り組みをはたらきかけるなど活動を本格化させているが、現時点でも「Kindle」は発売に至っていない。この背景には、アマゾンが出版社に提示している契約内容が、日本の出版業界の商慣行に合わない部分が多いという問題もあるが、出版社がアマゾンが求める諸要求に応えるだけの権限を著作者から許諾されていないといった、出版社と著作者との関係に起因する問題も多いといわれている。

▼電子書籍が増えない理由

出版デジタル機構が手始めにおこなう「コンテンツ緊急電子化事業」(経済産業省による補助金事業)では、出版社からの仮申請時点で目標の六万タイトルを大きく超える九万タイトル以上の申し込みがあったというが、これらについても、すでに著作者から許諾を得ている書籍がどれだけあるのか未知数だ。

アメリカでは、出版社は著作者から相当広い範囲の権利委任を受けていて、しかも著作者と出版社の間に権利業務に長けたエージェントが介在しているケースがほとんどだ。他方、日本の出版社は長年、著作者と出版権設定契約の契約書さえ取り交わさずにきた。それだけに、どれだけ販売できるかわからない書籍について、改めて著作者に電子書籍を配信するために必要な公衆送信権の許諾を求めるなど、個々の編集者にとって至難の作業だろう。

一方、これから出る新刊書籍については、主に印刷会社が体制を整えることで、紙版の制作との同時進行が可能になりつつある。講談社・新潮社・学研ホールディングスなどは、すでにそうした取り組みを公式に表明している。ただ、ここでも課題がある。実は、紙の本と電子書籍を同時に制作しても、現時点では同時に発売するのが難しいのだ。

例えば講談社の場合、著作者から原稿を受け取り、編集者が印刷会社に入稿する時点で、電子書籍を制作するかどうかを印刷会社に連絡する。すると、印刷会社は電子書籍化を前提に作業を進め、校了データから電子書籍を制作する。この制作のやりとりにほぼ三週間かかり、そのあと、完成した電子書籍を電子書店（電子取次）に納入するのだが、そこでの登録作業に二、三週間かかるという。その結果、電子書籍の発売は校了後六週間前後となるが、紙の本は校了後三週間で店頭に並ぶという。

アメリカでは、紙版と電子版の多くが同時、もしくは電子版のほうが事前に発売されているが、これは校了時期が発売の数カ月前だからだ。アメリカをはじめ多くの国では、日本のような取次システムが存在しないので、もともと新刊書籍は書店から事前に注文を集めたうえで印刷・発売している。そのために発売の半年から二カ月前には、表紙デザインからＩＳＢＮ、価格、書籍データなどすべてそろえて、カタログまで作っている。

同時発売にこだわる必要などないのかもしれないが、印刷があがって取次に納品すれば、数日で書店に「新刊配本」してもらえる日本の優れた取次システムのおかげで、紙版の発売が電子版よりも先行するという事態は、何とも皮肉だ。今後日本の出版社では、制作スケジュールをいまよりも前倒ししたり、社内での制作体制を整えるなどの対応も進むだろう。

電子書店（電子取次）で登録に時間がかかる状況は、今後、「Amazon」が電子書籍販売を始めた際に大きな問題になる可能性がある。

▼これからの展望

課題は多いにしても、電子書籍の制作体制が整いつつあり、「Kindle」のサービス開始など販売環境も確立されようとしている以上、程度やスピードの差はあるにしても、電子書籍市場が拡大していくことはまちがいない。アメリカの状況をみると、その拡大は多くの出版業界関係者が思っている以上の速度になるのかもしれない。

産業全体でとらえた場合、紙から電子への移行は流通・販売モデルの転換であり、既存の事業者にとって、従来のスタイルでビジネスを継続できなくなるおそれをはらんでいる。

こうした変化のなかで、取次・書店ルートを中心とする従来の流通モデルは衰退し、早晩消え去るという見方がある。しかしその一方で、未知の出版物と出会い、電子と紙（オンデマンド印刷も含む）など多様な形態の商品を選択できる場所としての「書店空間」が、電子書籍の販売でも有効に機能する可能性も指摘されている。

現時点で、はたして多くの読者がどのような未来を選択するのかはわからないが、まずパッケージとして完結している「書籍」が、電子化された出版ビジネスとして立ち上がりつつある。その一方で、「雑誌」のブランドを生かしたネットでの広告、販売モデルの模索も続いているが、明確なビジネスモデルはみえていない。むしろ、電子化された場合、雑多なコンテンツが混在するパッケージとしての「雑誌」という概念が成立するのかという、根源的な問いさえ投げかけられている。

これまで書籍と雑誌によって成り立ってきた日本の出版産業は、早晩、その構造を大きく変えざるをえないだろう。そのなかで、既存の業者だけでなく、新規参入による新たな出版モデルの提案といった、次の時代を作り上げていく動きも期待されている。

注

（1）「講談社・決算の推移」「文化通信」二〇一二年二月二十七日付

（2）全国出版協会出版科学研究所編「二〇一一年版出版指標年報」全国出版協会出版科学研究所、二〇一一年

（3）「日本の広告費」(http://www.dentsu.co.jp/books/ad_cost/2011/index.html)［二〇一二年四月十七日アクセス］

（4）日本では二〇一二年十二月に発売された。

（5）OnDeck編集部監修／インターネットメディア総合研究所編『電子書籍ビジネス調査報告書』インプレスR&Dインターネットメディア総合研究所、二〇一一年

（6）岩崎夏海『もし高校野球の女子マネージャーがドラッカーの『マネジメント』を読んだら』ダイヤモンド社、二〇〇九年

（7）ウォルター・アイザックソン『スティーブ・ジョブズ』1・2、井口耕二訳、講談社、二〇一一年

（初出：「情報の科学と技術」第六十二巻第六号、二〇一二年）

2 デジタル化で広がる出版の契約

出版社が本を出す場合、文芸書では契約を交わす例は少なかった。医学書や理工学書といった専

門書では従来から契約を結ぶ習慣があるが、日本を代表するような大手出版社でも、文芸分野については著者が事務所を通す場合など限られたケースだけだったという。これまでも出版社間で作品を取り合うといった競合はあったが、所詮同業界で生きているもの同士なので、お互いに融通し合いながら慣行を作ってきたのだ。

しかし、出版物がデジタルコンテンツとして注目されるようになると、契約に対する意識がまったく違う異業種企業が参入するようになった。一方で、著作者サイドからも電子化契約についての疑問が投げかけられるなど、いままで信頼関係に依存してきた出版界の秩序にも変化が訪れようとしている。契約とは縁遠いと思われてきた出版の世界も、デジタル化の進行でのんびりとはしていられなくなったのだ。

もともと、大作家と名編集者の信頼関係が生み出した企画が伝説的に語られてきたように、この世界には取引とか契約といった概念が乏しい。著者にしてみれば、出版社という企業と取引をしているというよりも、信頼できる編集者個人と仕事をしているという思いの方が強いのだろう。さらに、肝心の「印税」について、文芸分野ではトラブルが起きにくい構造があった。「印税」には大きく分けて、売れた冊数に応じて支払う「実売印税」と、印刷した冊数に応じて発売時に支払われる「発行印税」がある。大手出版社の多くは「発行印税」を採用していて、初版刊行時にまとまった「印税」が支払われるので、契約書がなくてもあとでトラブルになるケースは少ない。

出版社と著作権者の間で交わされる出版契約は多くの場合、「出版権設定契約」と呼ばれるものだ。この契約は、出版社が作品を本の形で複製して頒布する権利を認め、その対象は「印刷その他の機械的または化学的方法により文書または図画として複製」したものになる。機械的・化学的方法としては印刷、せいぜいコピー機までしか対象にならず、もともとこの契約では、電子化を複製として差し止めることはできない。しかし、そんな契約書さえ交わしていなかった出版社を驚愕させる出来事が起きた。

一九九五年にサービスを開始した電子書店パピレスが、直接著作権者と契約を交わして、大手出版社が文庫で刊行している作品の電子化をおこなったのだ。しかもその契約の中身は、電子的頒布の独占契約だった。ある著作物を電子化して販売する権利を握られれば、単行本・文庫本を刊行してきた出版社は電子本の販売権を失うことになる。

これまでの出版契約でも、出版する権利は著作者が出版社に許諾する形になっていたが、現実には、ほかの出版社が文庫化する場合には、元本の出版社に発行印税と同様、数％のライセンス料を支払う慣行がある。しかも、ラインナップを充実させるために出版社間で話し合って作品を融通することもおこなわれていて、現在でも同一作品が複数の出版社から文庫で刊行されている。どこか一社に独占されると、従来の秩序が崩れてしまうのだ。

他方、出版業界以外の企業世界をみると、コンテンツを提供してもらう契約は当然、独占的である。そうでなければ契約する意味がない。したがって、これまで出版社というプレイヤーしかいなかった世界にまったく違うルールを携えた新興勢力が入ってくると、そこに大きなギャップが生じる。

危機感を募らせた出版社は、自社で電子書店サイトを立ち上げ、著作権者との電子化契約を進めた。二〇〇〇年九月に大手出版社八社が立ち上げた電子本販売サイト「電子文庫パブリ」は、こうした背景から浮上した企画だった。出版社が参加するための規約には、電子本の権利を独占しないことが盛り込まれている。

これは、出版社が文庫シリーズを創刊するケースと似ている。自社の単行本を他社が文庫化したいといってきた場合、自社に文庫シリーズがなければ、なかなか断りにくい。特に相手の出版社が既に著作権者の了解を得ていたら、いやとはいえない。そのため自社も文庫シリーズを創刊して、著者に「他社に許可しないでください」という。パブリを立ち上げた八社が文庫の主要出版社だというのも、そのことを物語っている。

また、出版社の多くは、ある程度電子化に対応できるよう出版契約に新たな条項を入れ、編集現場に契約締結を指示している。ある大手の文芸出版社では、以前一〇％ほどだった著者との出版契約の締結率が、最近では四五％ほどに増えているという。さらに、電子本化にあたってのデジタル化契約は、ほぼ一〇〇％に達している。

出版契約書のヒナ型を作っている書協も、二〇〇〇年に電子化条項を加える改訂をおこなった。この条項は、著作物の電子化を文庫化などの二次使用と同様に位置づけ、電子化をおこなう場合、その出版社に優先権を与え、改めて協議するという内容になっている。要するに、電子化の話があったらまず当社に声をかけてくださいという形で、知らない間に他社にとられないようにしようという意図だ。

いずれにしても、黒船の出現によって、出版社が〝自分たちも〟と名乗りをあげた。これによって、最近では異業種企業も出版社を通してコンテンツを入手するケースが多くなってきたという。パブリに参加している出版社の多くはすでに既刊本を電子化し販売していて、そのつど、改めて原本の著作権者と電子化の契約を結んでいる。ほとんどの著者が出版社からの契約依頼に応じていて、絶版同様になっていた自著が電子本として再び日の目を見ることもあり、新しい媒体への対応を歓迎する声も多いという。だが一方で、一部の著者からは、電子化に伴う出版社の姿勢への疑念が投げかけられている。

日本ペンクラブは、電子化に関する契約についての考え方「二〇〇一「電子出版契約の要点・注意点」に関する報告書」(1)をインターネットで公開しているが、その内容はなかなか手厳しい。例えば、最初から電子化条項が入っている出版契約には応じるべきではなく、電子化は紙出版とは別物だと考えるよう促している。また、提示される印税(電子本でも印税というのかは疑問だが)の根拠が薄弱であり、印刷や流通コストがかかっていないのだから、紙の本より相当高い七〇%から八〇%に設定すべきだとする。

出版社の多くは電子本の印税率を十数%と、紙の本の一〇%前後よりも高めに設定している。ペンクラブの見解とは相当開きがあるが、この点について出版社側は、既刊書を電子化するにはかなりのコストがかかること、課金・配信といったインフラを利用するコストも大きいこと、そして販売ロットが少ないことなどを説明して理解を求めている。

著作物の新たな利用方法が登場したものの、著作権者と出版社がそのイメージを共有できていない状況が、著作権者の不信感を生んでいる。だが出版社としても電子本の作成にかかるコストや、市場成立の見込みについて手探り状態であるため、確固とした自信をもって著作権者に対応できない。しかも、現行の出版契約はまったく電子化を想定していない時代に結ばれたものだ。そういう意味で、著作権者と出版社、そして他業界の企業も含めた新たな関係作りがおこなわれようとしている。従来のような慣行に頼る関係ではなく、契約に基づく関係作りが広がっていくということだろう。

注

（1）日本ペンクラブ電子メディア対応研究会「二〇〇一「電子出版契約の要点・注意点」に関する報告書」日本ペンクラブ、二〇〇〇年九月十二日

（初出：「季刊・本とコンピュータ」二〇〇一年冬号）

3 日本ではなぜ学術書の電子化が進まないのか

電子が優先のアメリカの大学図書館

二〇一〇年九月七日に中小規模出版社の団体・版元ドットコムが開いた勉強会で、講師のミシガン大学アジア図書館館長代理・仁木賢司は、アメリカでは図書館資料の電子化が進んでいて、すでに紙の新聞は一紙も購入しておらず、書籍についても、「電子媒体がないとわかってはじめて紙媒体に目を向ける」と話した。

アメリカを中心とする欧米諸国では、早くから学術雑誌の電子版「電子ジャーナル」が普及し、日本の大学も、英語の学術雑誌はほとんど電子ジャーナルで購入するようになっている。特にアメリカではこの分野での電子書籍の利用が早く始まっており、「Kindle」によって一般的なフィクションなどの電子書籍市場が立ち上がる前に、学術書の電子化が進んでいた。

他方、日本の大学図書館では、英語の電子ジャーナルは導入したが、日本語の電子雑誌・電子書籍の利用は進んでいない。紀伊國屋書店が販売代理店になって二〇〇七年から日本でサービスを開始した法人向け電子書籍サービス「NetLibrary」(ネットライブラリー)でも、提供される電子書籍三十万点のうち、九九%が英語をはじめとする外国語書籍であり、日本の出版社で参加しているのは五十六社、このうち電子書籍を提供しているのは四十社に満たない。

そのような状況のもと、慶應義塾大学メディアセンターが二〇一〇年から出版社などと二年間にわたって実施した「学術図書電子化実証実験」は、大学図書館の電子書籍プラットフォームを構築すると同時に、その前提となる学術書の電子化を出版社に促すうえで大きな意味をもっていた。このプロジェクトの背景には、世界的に出版物の電子化が進むなかで、特に英語圏に比べて電子化の動きが遅いといわれる状況への危機感がある。

なぜ、日本では学術書の電子化が進んでいないのか、進展させるための条件は何なのかといった点について、このプロジェクトの中身と日本の電子書籍の動向などをふまえて考えてみたい。

●――プラットフォームの不在

学術書の電子化が進んでいない理由の一つは、日本に「NetLibrary」のような、学術電子書籍のプラットフォームが存在していなかったことだ。欧米で早くにプラットフォームが成立した背景には、以前から文献や統計資料のデータベースサービスが大きな産業になっていたことや、英語が学術界の共通語になっていたために、電子書籍に先行して学術雑誌の電子ジャーナル化が進み、世界中の多くの大学・研究機関がその購読者になっていたことなどがあるだろう。

日本では、紀伊國屋書店が「NetLibrary」のサービスを開始した二〇〇七年まで、電子書籍を図書館向けに提供するサービスはほとんど存在していなかった。このため、図書館市場の開拓が進まず、出版社としても電子書籍を提供する意味を見いだしにくかったという側面がある。

スキャンやOCRの作業が発生

そして、学術書に限らず、電子書籍化を阻む最も大きな障害は、電子化に関わる手間と費用であり、特に著作権処理の煩雑さは大きな壁になっている。

これから刊行する新刊書については、すでに印刷工程が電子化されていて、印刷会社の多くが電子書籍化の流れに対応して紙の本と同時に電子書籍を制作できる体制を整えようとしているので、早晩、どの出版社でも電子書籍を制作できるようになる。既刊書籍については、過去の電子データ（印刷会社などが作成した組版データ）を電子書籍に変換するか、電子データが残っていないものは、紙の本をスキャナーで読み取って電子化しなければならない。

たとえ電子データが残っている場合でも、これまでの組版データはあくまでも紙の本を作成するための作業用のデータであり、最終段階で製版フィルムに直接入れた修正がデータに反映されていなかったり、体裁を整えるために現場で変則的な処理がされたりしているので、実際にはそのまま電子書籍に変換できないものが多いという。

また、スキャナーで読み取る場合はいわゆる「自炊」と同様の作業をすることになるが、そこで得られる電子データは画像であるため、OCR（Optical Character Reader）ソフトなどを利用してテキスト化しなければ、本文検索といった電子書籍ならではの利便性を発揮することができない。市販されているOCRソフトを利用したことがある方ならわかるだろうが、以前に比べて読み取り精度が相当向上したとはいえ、やはりある程度の誤読が発生する。したがって、これを電子書籍として商品化するためには、入念な校正作業が必要になる。スキャナーでの電子化自体は一冊数万円程度だが、校正をすると多額の人件費が発生してしまう。

特に市場が未成熟の段階では、売れる見込みが立ちにくい過去の出版物を多額の費用をかけて電子化するのは難しい。かといって、電子化しやすい新刊だけを電子書籍として提供すればいいかというと、そうはいかない。特に大学図書館などで研究や教育に利用される学術書は、新刊よりも既刊の基本図書が多いからだ。

著作権処理の困難さ

こうした技術的な課題とともに、著作権処理という大きな問題もある。

書籍を電子化してインターネットなどで配信しようとする場合、著者から許諾を得なければ当然、著作権を侵害することになる。この場合に侵害する権利は「公衆送信権」という。

もちろん出版社は紙の本を出す場合にも、著者と契約を結ぶが、この契約書（多くの場合は出版権設定契約）では、主に「複製権」と「頒布権」に関する許諾を得ている。したがって、電子化して配信しようとする場合、このほかに、新たに契約書を交わすなどして「公衆送信権」の許諾を得なければならない。

一般的に出版社の編集担当者は、これから出す本への関心が強く、過去に手がけた本についてはそれほどでもない。また、刊行から時間を経ると、そもそも担当した編集者が退社していたり、著者の所在がわからなくなっているケースも多い。大きな売り上げは期待できない過去の本について、こうした障害を乗り越えてまで著作権処理をおこなうのは、出版社としてはとても難しい。

実際に、電子書籍やプリントオンデマンドにすれば、少しずつではあるが一定の需要が見込める既刊書籍を数多く抱える出版社があり、筆者は、そうした出版社の営業担当者から、編集担当者の説得が難しいので放置されているケースがあるという話を聞いたことがある。

また、日本では書籍の「絶版」自体がとても少ない。「絶版」とは、著者との契約を解消し、出版社がその本についての権利をいっさい手放すことを意味するが、その本の在庫がなくなり、書店で手に入らなくなっているからといって、必ずしも「絶版」となっているわけではない。

こうした、「絶版」にはなっていないが「手に入らない」本のことを、「品切れ増刷未定」と呼ぶ。出版社と著者の契約は生きているが、品切れのまま放置されているという意味だ。

本来、著者と契約を結んでいる以上（契約書を交わしていなくても出版していれば契約したとみなされる）、出版社側には排他的な出版の権利がある一方で、出版する義務も生じる。「品切れ増刷未定」は、この義務を履行していないことになる。しかし八十万点の既刊書籍のなかには、こうした扱いの本が相当数含まれている。

電子化は、いままで曖昧にしてきたこうした慣行を白日の下にさらすことにもつながりかねない。だが、電子化を進めることは、むしろ、これまでの契約のありかたや曖昧な状況を見直す契機としてとらえるべきではないだろうか。そして、こうした努力を払わない出版社は、電子時代の出版社にはなれないといえるかもしれない。

理解を得られるか「OCRかけっぱなし」

出版物を刊行後の時間的経過で分類すると、刊行から数カ月間は「新刊」であり、著作者が死亡して五十年を超えたものは著作権保護期間が切れた「パブリックドメイン」となる。この「新刊」と「パブリックドメイン」の間に大量の既刊書籍が存在していて、日本で流通している書籍八十万点のうち、「品切れ増刷未定」も含めたほとんどがこの部分に入る。

「パブリックドメイン」については、そもそも著作権が保護されないため、誰でも自由に電子化ができる。国立国会図書館での電子化、グーグルが日本の図書館と契約して進めている「ライブラリープロジェクト」、さらには民間のボランティアプロジェクト「青空文庫」でも、こうした著作の電子化が進められている。

したがって、出版社に期待されるのは、「新刊」以外では、「パブリックドメイン」になっていない、既刊書籍の電子化だ。しかし、この部分は著作権処理が必要であり、完全な組版データが残っていないため、スキャニングによって電子化しなければならないケースが多い。しかも十分な数の販売は期待できないため、大きなコストをかけられないという、最も電子化が困難な領域だ。

「電子学術書利用実験プロジェクト」は学術書の電子化を推進するために、大学図書館で最も必要とされるこの領域の電子化を最大の目的として、「OCRかけっぱなし」という方法を実地に試している。

「OCRかけっぱなし」とは、文字どおりスキャニングで電子化した書籍の画像データをOCRでテキスト化し、校正せずにそのまま利用するという意味だ。ここで作成するテキストデータは、画像データに「透明テキスト」として貼り付けてあるので、検索には利用できるが、利用者が実際に見るのは画像だけになる。そのため、たとえOCRで誤読した個所があっても、利用者にはそれがわからない。グーグルの「ブックサーチ」や「Amazon」の「サーチインサイド」(なか見!検索)も、この方法によって比較的低コストで大量に電子化している。

学生を対象にした利用実験では、「OCRかけっぱなし」はまったく問題にならなかった。そもそも利用している学生にはOCRの精度を感じさせるテキストそのものは見えないので、不満の感じようもないし、検索には十分に利用できるからだ。

ただ、出版社には「校正していないデータを外には出せない」という思いが強い。そのため、はたして出版社にどれだけ受け入れられるのかという問題はあるが、少なくとも大量の既刊学術書を電子化するためには、国家レベルで巨額の費用をかけるか、さもなければ「OCRかけっぱなし」

のような、必要条件を満たす安価な方法を受け入れるしかないことは確かだ。

「使用料モデル」の提案

「電子学術書利用実験プロジェクト」では、書籍の電子化を推進すると同時に、電子化した書籍をスムーズに流通させ、出版社が事業を継続できるようなビジネスモデルを構築するための検討も大きなテーマになっている。

これまでの実験は、あくまでも学術書の電子化と配信・利用が対象で、課金など、お金の流れについての具体的な実験はおこなわれていない。ただし、実験を主宰した慶應義塾大学メディアセンターの田村俊作所長によれば、電子書籍については、利用に応じて使用料を支払う「使用料モデル」を想定しているという。

現在、「NetLibrary」や、大日本印刷グループのＴＲＣが提供している公共図書館向け電子図書館システムなどは、電子書籍を図書館に販売するとき、「売り切りモデル」を採用している。これによって、図書館は購入した電子書籍を無料で貸し出し続けることができる。その場合、利用中の電子書籍を同時にほかの人が利用することはできないなど、紙の書籍に近いスタイルで運用されている。売り切りモデルは、紙の本と同じビジネスモデルであるため、現在の図書館側の予算システムなどになじみやすいが、一度に多くの利用者が同じ本を借りるといった、デジタルならではの優位性を発揮できない。さらに、いつまでも劣化しないデジタルデータを売り切りにした場合、買い替え需要などがなくなって、出版社の収入が減ってしまうのではないかという懸念もある。

利用者側である大学図書館が「使用料モデル」の採用を具体的に提案すれば画期的なことだ。既存の図書館予算の仕組みを変更するという大きな課題はあるが、これは出版社がデジタル時代に向けて自らのビジネスモデルの変更を余儀なくされるのと同様に、越えなければならない壁だろう。
今回のプロジェクトがこうした課金モデルの本格的な提案にまで踏み込むとすれば、まさに新しい出版と図書館サービスの確立に向けた画期的な一歩になるだろう。

（初出：『ず・ぼん18』二〇一三年）

第5章　海外の出版事情と日本の国際化

1　海外に広がる日本の出版コンテンツ——にわかに活気づく出版社の版権ビジネス

取次各社などが発表した二〇〇九年のベストセラートップは、村上春樹『1Q84』[1]だった。一・二巻を合わせて二百二十四万部。出版業界全体が不振ななかで、まさに一人気を吐いた格好だ。この作品は、韓国でも日本に遅れることわずか三カ月という速さで、八月に文学トンネ社から刊行された。その後数カ月間、文芸書のベスト一位を守って百万部超えも確実視されているが、翻訳書の契約で支払われる前払い印税（アドバンス）はなんと約一億円に達し、韓国の翻訳文学史上最高額を記録した。

海外で日本マンガの人気が高いことは広く知られているが、近隣の国々では小説なども人気が高い。日本でベストセラーになったり、映画化・ドラマ化が決まった作品には、韓国や台湾から間髪を入れずにオファー（翻訳権取得の打診）が入るという。

日本では明治以来、海外文献の翻訳が盛んにおこなわれ（漢文の歴史を含めれば開闢以来か）、ここと出版に関する限り、長い間〝輸入超過〟だった。いまでも出版社の売り上げでみれば、少額のロイヤルティーをもらう輸出よりも、翻訳書籍を販売する輸入品による収入のほうが多いが、点数的には輸出がアジア圏を中心にかつてない規模に拡大している。

特に韓国では日本の文芸作品が数多く翻訳出版されていて、二〇〇五年のデータだが、最大手書店の教保文庫の文芸書ベスト百位のうち、韓国人作家が二十二人だったのに対して、日本人作家は二十七人に達していた。この傾向はいまも続き、主要書店には「日本小説」のコーナーがある。

いまのところ、韓国には日本の出版社の現地法人も日本書店の現地店もないが、日本国内で日本語を読める人口が今後増えることはないと思われるので、日本の出版産業にとって、海外市場の開拓は魅力的に映っている。

●韓国の向こうには中国——版権は出版不況を救うか

かつては先方からオファーがあれば、担当編集者が無償で取り次ぐといった対応が多かったが、ここ数年、海外への版権販売を担当する部署を設ける出版社が増えている。『1Q84』を刊行した新潮社がそうした部署を作ったのは二〇〇七年だった。

また、二〇〇九年には、マンガ出版社の秋田書店が海外版権事業で講談社と提携したり、雑誌を多く手がける光文社がやはり講談社に海外版権事業を委託するなど、これまであまりノウハウをもっていなかった出版社が提携などに活路を見いだそうとする動きが目立った。

そうした多くの大手出版社の視線の先には、やはり膨大な人口を抱える中国がある。上海や北京では提携ファッション誌がいくつも出ていて、講談社やポプラ社、取次の日販などは現地法人をおいている。

ただ、中国では国の規制によって外資が出版社を設立することはできないので、各社は広告会社や編集プロダクション、書店といった形で進出し、現地の国営出版社に翻訳出版権を提供したり、そうした出版社からISBNを購入して出版している。また出版自体が許可制なので、申請しても許可されないケースがある。特に日本のマンガは、中国国内のコンテンツを保護するといった目的もあり、現時点ではほとんど許可されないという。

欧米出版社も中国市場に注目していて、世界的な出版コングロマリットのベルテルスマンは上海にブッククラブ形態で進出したが、今春あえなく撤退したという。アメリカ最大の書籍出版社ランダムハウスも、日本で講談社と、韓国で中央日報社と提携し、「北京オリンピックまでには中国へ」をめざしていたが、いまだに進出できていない。

そうした意味では、講談社は二十五年前から中国の出版留学生を毎年受け入れていて、いま主要出版社や政府機関の幹部にその人脈がつながっているといわれる。また、最近の中国では日本のファッション情報に人気があるなど、日本は一定のアドバンテージをもっているようだ。

かつて、世界最大のブックフェアであるフランクフルトブックフェアを訪れた日本の専門出版社の社長が、日本の大手出版社がマンガを多く出展していることについて、「日本の出版社がマンガばかり出していると思われてしまう」と不満を漏らしているのを聞いた。

しかし一方で、このフェアに長年出展して、日本の文学作品や児童書の版権販売を手がけてきた別の出版人は、マンガの人気が出てきたことで、かつては見向きもされなかった日本の文学や児童書にも関心が集まるようになったと話していた。

出版物がその土地の人々のニーズに応じて浸透していけば、押し付けの文化交流や一面的になりがちな国外メディアによる報道などよりも、格段に自国に対する理解を深めてもらえることになる。これは、翻訳大国である日本人がよく知っていることだ。

そういう意味で、出版物の版権輸出は出版産業にとって経済的に重要であると同時に、わが国の多様な面を外国の人々に理解してもらううえでも有効だと思う。

少し残念なのは、これだけ日本の本が読まれているのに対し、韓国から入ってくる出版物の多くがいまのところ〝韓流〟にとどまっていることだ。これが相互理解にまで発展すれば、両国関係もずっといい方向に変わるだろう。

注
（1）村上春樹『１Ｑ８４』一・二、新潮社、二〇〇九年

（初出：「Journalism」二〇一〇年一月号）

2　アメリカで拡大するマンガ市場
――ルポ　成長急なアメリカ〝MANGA〟市場

いまアメリカの書店で最も成長しているジャンルは〝MANGA〟だといわれる。売り上げはここ三年ほど、毎年五〇％以上のペースで拡大し、チェーン書店に売り場が定着した。二〇〇四年四月にはランダムハウスが参入し、取次のイングラムが書店・図書館向けのカタログを作り始めるなど、大手出版企業も注目しだしている。六月に開かれたブックフェア、ブックエキスポ・アメリカ（BEA）でもグラフィックノベル・パビリオンが登場し、書店や図書館向けセッションでテーマの一つとして取り上げられ、独立系書店・図書館関係者の注目を集めた。

●〝マニア〟から一般書店に拡大――イングラムが「カタログ」制作

アメリカでは単行本コミックをグラフィックノベルと呼び、日本の漫画＝MANGA（マンガ）もこのカテゴリーに入る。ここ数年、視聴率調査会社ニールセンのブックスキャンデータでグラフィックノベル部門の上位をマンガが占めていて、VIZ、TOKYOPOPといった専門出版社の名前が並ぶ。

二〇〇三年のマンガ市場は百億から百五十億円程度の規模で、まだ日本のコミック市場（〇三年五千百六十億円）とは比べものにならないが、〇二年から五〇％から六〇％増と成長は急だ。

新刊点数も、二〇〇四年はＶＩＺ、ＴＯＫＹＯＰＯＰがそれぞれ年間三百点から四百五十点を予定していて、全体では前年比倍増の千点を超えるとみられている。

アメリカ最大の書籍ホールセラー・イングラムでマーケティングとプロモーションのディレクターを務めるタマラ・クラブトリーは「二〇〇三年にみるみる大きくなった」と、急激な市場拡大の印象を語る。

同社のマーチャンダイズディレクターで、かつて大手書店ボーダーズのマンガ担当でもあったジョージ・タタスフィールドも「マンガ作品はニューヨークタイムズなどでも批評されるようになり、以前の小さな流れではなくメジャーになった。市場は当社が扱うにたる規模に拡大してきた」と話す。

商売になると判断した同社は二〇〇三年、初めてマンガの簡易カタログを作り、二万の書店・図書館に配布して受注活動を開始した。〇四年は春版と秋版の二回に増やし、秋版は本格的なカタログにするため、出版社に出稿を依頼している。

タタスフィールドは市場拡大の流れを「専門店で始まったものがチェーン書店に広がり、独立系書店に広がりつつある。最近はウォールマートのような量販店も取り扱いを始めた」と説明する。当初はマニア向けショップで扱われていたマンガが、ここ数年で一般の書店市場に拡大したというのだ。

その理由について、一九八七年に小学館の出資で設立したＶＩＺの堀淵清治社長は、「近年、競合他社も参入しカテゴリーとして確立してきたことと、マンガのフォーマットが書店にも浸透してきたことが大きい」と話す。

数年前から新興のTOKYOPOPやグラフィックノベルのディストリビューター・ダイヤモンドが中心になって、それまでほとんどコミックを扱ったことがなかった一般書店を開拓し、いまではマンガのコーナーがない大手チェーン書店はない状況になっている。

また、十代男子児童中心だった読者層も広がっている。少女読者が拡大し、すでに「Shojo（少女）」という言葉も定着し、早くからマンガを扱ってきたボーダーズグループでは「システムのなかに「Shojo」マンガのカテゴリーも作って、安定的に販売している」（タタスフィールド）という。

デル・レイ参入で活況──四点中二点ランク入り

世界最大の書籍出版グループ・ランダムハウスのインプリントとしてSFやファンタジーを出しているデル・レイは、ランダムハウスと講談社の業務提携の一環として、大手出版社としては初めてマンガ市場に参入した。

二〇〇四年四月二十七日に講談社の『魔法先生ネギま！』(1)『機動戦士ガンダム seed』(2)『ツバサ──reservoir chronicle』(3)『×××Holic』(4)の四点を発売。二週間で『ツバサ』と『ネギま！』はブックスキャン・グラフィックノベル部門でベスト一、二位を占め、トレードペーパーバックス部門でもトップ20に入った。

好成績の背景には、点数を増やすよりも売れ筋を厳選する出版戦略と、ランダムハウスグループの強力なマーケティング力がある。

「初めてマンガを出す大手出版社として、先行出版社に勝つために、最初から爆発的に打って出ることが必要だった」と、デル・レイでマンガ・ディレクターを務めるダラス・ミドーは語る。ミドーは一年半前まで、ＶＩＺでセールスとマーケティングのディレクターを務めていた。通常ランダムハウスが取引している書店や図書館を営業担当者が訪問し、特に独立系書店と図書館への販促に力を入れ、すそ野を広げることをねらった。今回の四点は「発行部数は言えないが、ほかのグラフィックノベルと比べればダントツの初版部数」で投入し、読者層は「十代が核で、五五％が女の子。その外にヤングアダルト市場があり、さらに市場を広げようと努力している」という。

今回の成功によって同社は次期商品の発売を早め、ＢＥＡ会期中の六月五日、やはり講談社の少女マンガ『ヤマトナデシコ七変化♡』(5)と『オセロ。』(6)を二〇〇四年十月に発売すると発表した。今後、シリーズものは三カ月に一点ずつ刊行し、「今年は十四点から十七点、来年は三十点出したい」と強気だ。「いまは講談社のものだけだが、日本で出ているシリーズで潜在的な可能性があるものがないか常に探している」と、講談社以外の作品を手がけることも視野に入れている。

同社の参入は、市場とともに出版産業にも刺激を与えている。イングラムのタタスフィールドは「デル・レイについての業界誌の扱い方などからみても、大手出版社の多くがこの市場に興味を示していて、流通業者として期待している」とし、「来年、市場が倍になることに疑いはない」と言い切る。

実際、ＶＩＺは六月一日から、大手出版社サイモン＆シュースターの物流部門に物流と代金回収業務を委託し、マーケティングは自社でおこなう体制となった。これまで同社は物流のほか、営業やマーケティングのほとんどを西海岸のディストリビューター、パブリッシャーズ・グループ・ウエスト（PGW）に委託し、編集・制作に集中してきたが、「やはり自分たちで売っていかなければならない」（堀淵社長）と考えたからだ。

また、サイモン&シュースターはランダムハウスと並ぶ大手書籍出版グループであり、チェーン書店にとどまらず独立系書店へも広いルートをもっているので、今後の展開が注目される。

●――日本で人気の作品がアメリカでも――VIZは豊富なコンテンツが強み

もう一つ、将来のマンガ市場拡大を予感させる動きを耳にした。六月五日に開かれたマンガをテーマにしたセミナーで、TOKYOPOPのスティーブ・クレッチナー副社長は、市場拡大策としてスカラスティック・ブッククラブにアプローチしていることを明らかにした。これは、アメリカで多くの小学校が採用している児童書専門のブッククラブで、そのカタログに掲載されれば全米の小学生が目にし、親や教師の認知も得ることができるので、マンガの浸透に大きな役割を発揮するにちがいない。

各社の参入が相次ぐなか、VIZの堀淵社長は、「ここ数年でようやく書店の棚を確保できるようになったという意味では黎明期。読者は十代が中心だが、日本の状況をみれば青年向けや学習向けといった可能性も残っていて、まだ始まったばかり」と冷静にみている。

VIZの強みは、親会社が豊富なコンテンツをもつ大手コミック出版社であることだ。その強みを生かして二〇〇二年十一月に創刊した月刊誌「SHONEN JUMP」は、発行部数こそ三十万部から三十五万部だが、回し読みも含めれば毎号五十万人から六十万人が読んでいて、「アメリカで単行本コミックが売れ始めた時期とタイミングが合い、非常にうまくいっている」（堀渕社長）という。

二〇〇三年十一月には、連載以外の作品も含めた「JUMP」ブランド単行本の刊行も始めたが、売れ行きは良好だ。堀渕社長は「おそらくマンガ雑誌は当社にしかできない。「JUMP」でいいモデルができたので新たな雑誌を出していきたい」と独自戦略による拡大に意欲を示している。

ところで、アメリカではどのようなマンガが受けるのかという質問に、意外にもほとんどの関係者は「日本で人気がある作品」と答えた。デル・レイが第一弾として選んだ赤松健、ＣＬＡＭＰも日本で人気の作家だが、「注目しているのは日本で何が売れているのかと、インターネットコミュニティーの話題」とミドーは語る。

堀渕社長も、「アメリカ向きということを模索してきたが、結局、日本での人気が目安になる。コンテンツの力があれば少々文化的にわかりにくくても、子どもは逆にその違いを楽しんでいる」と話す。

セミナー会場で質問に立った図書館員の女性が「私の息子は小学校でアニメクラブに入っていますが、外国語を選択するとき日本語と言いだして驚きました」と発言していたが、日本のアニメ、マンガは想像以上にポピュラーになっているようだ。

堀渕社長は、「アメリカで子どもたちにとってこれほど刺激的なコンテンツはないが、日本の出版社には山ほどある。マンガは飽きられないと思う」と語る。国内の市場が飽和している日本のコミック出版社にとって、目が離せない市場になりそうだ。

注

(1) 赤松健『魔法先生ネギま！』(講談社コミックスマガジン) 全三十八巻、講談社、二〇〇三―一二年
(2) 岩瀬昌嗣画、矢立肇／富野由悠季原作『機動戦士ガンダム seed』(マガジンZ KC) 全四巻、講談社、二〇〇三―〇四年
(3) CLAMP『ツバサ――reservoir chronicle』(講談社コミックス) 全二十八巻、講談社、二〇〇三―〇九年
(4) CLAMP『×××Holic.』(KCDX) 全十九巻、講談社、二〇〇三―一一年
(5) はやかわともこ『ヤマトナデシコ七変化♡』(講談社コミックスフレンドB)、講談社、二〇〇〇年（以降、第三十四巻〔二〇一三年〕まで刊行）
(6) 池沢理美『オセロ。』(講談社コミックスフレンドB) 全七巻、講談社、二〇〇一―〇四年

(初出：「文化通信」二〇〇四年六月二十八日付)

3　ドイツの出版業界が描く将来像「五十五のテーゼ」

ドイツの出版業界は二〇一一年六月、二五年に書籍市場がどのように変化しているか、また出版社・取次・書店などの出版業界はそれにどのように対処すべきかについて「五十五のテーゼ」をまとめた。その内容はかなり刺激的で興味深く、日本の出版業界と共通する問題意識も多い。

五十五のテーゼは、電子出版の拡大を前提としてまとめられている。そうした状況下での書籍業界全体の規模や流れへの影響のほか、出版社・取次・書店、業界団体、業界紙、ブックフェア、出版人養成学校などに対する影響と対策が記されている。

●―ドイツ出版業界が予測した自分たちの未来

例えば、一番目のテーゼは「すべての印刷物がメディアとしての意味を失う。書籍、雑誌、新聞はそれぞれ売り上げが二五％減少する」というもの。この先十数年で市場が二五％縮小するという見通し自体がかなり衝撃的だが、二番目のテーゼではさらに「最も減るのは書店店頭での販売で、三一％減少する」と予想している。

このテーゼをまとめたのは、出版社・取次・書店などが加盟する公益業界団体・図書流通連盟だ。すなわち、こうした厳しい将来は、学者や新しいメディアの担い手など外部からではなく、出版業界人自らが予測したものなのだ。

日本でも、二〇一〇年あたりから書籍業の将来予想がいろいろと発表されているが、出版業界の内部で、客観的な数字をあげて示した予想はない。むしろ、不安を口にはするが、どちらかといえば、「紙はなくならない」といった耳に心地よい声にすがってしまいがちなのだ。ドイツでもこのテーゼは相当物議を醸したらしい。

しかし考えてみれば、日本も一九九五年から二〇一〇年までの十五年間で、いわゆる「電子書籍」の影響がまだほとんどない段階にもかかわらず、販売金額は書籍が二一・六%、雑誌が三一・七%減少している。これは、ドイツの将来予想以上に厳しいのだ。ある意味で、ドイツの出版業界はそうした現実を冷静に分析しているといえるのかもしれない。

テーゼの内容をみていこう。

業界全体については、冒頭にあげた一と二に続き、「印刷本の売り上げは減少するが、その分、ペイドコンテンツ（有料の電子コンテンツ）の売り上げが増加する」と予想する。印刷メディアの減少予想で特徴的なのは、特に専門書や学術書、教科書などの分野が電子メディアに移行するとしている点だ。

ドイツの書店は書籍と雑誌を売っている日本の書店とは違い、基本的に書籍だけを販売している。また、大学などの近くに専門書店が多く存在する。それら、書店についての予想では、「販売される専門書、教科書、そして専門書店と大学書店がほとんど消える」「大学生の客が消える」と、かなり厳しい見通しを示している。

確かに、いち早く電子書籍の市場が拡大したアメリカでは、まず大学図書館に納入される専門書・学術書で電子版の提供が先行し、一般書の分野で電子書籍の販売が拡大したのは、ソニーの「リーダー」（二〇〇六年）やアマゾンの「Kindle」（二〇〇七年）が登場してからだ。テーゼの予想も、そのあたりをみているのだろう。

日本でも、一般書の新刊刊行時に電子版も提供されるようになるにはもう少し時間がかかると思われる。したがって、おそらく専門書や学術書といった、研究者や学生が「使う」本の電子的な流通が先行するだろう。

ただし、アメリカでは二〇一一年上半期、一般書市場でも電子書籍の影響がみられるようになったという報告がある。特に紙の書籍の販売量減少が大きいのは、ロマンスやミステリーといったフィクションらしい。

紙媒体減少を前提に業界三者の生き残り策

次に、こうした市場全体の予想に対する出版社の対策では、「いままで書店に置いていた重点をほかに移さなければならない」と指摘している。本当に書店などの関係者が加わったうえでの検討結果なのかと疑いたくなる内容だが、同時に書店の対応として「空いた面積に新しい商品を置かなければならない」、取次は「倉庫の稼働率が落ちるので新しい商品を導入しなければならない」と指摘している。

ドイツの図書流通連盟は出版社と取次と書店（日本では業界三者という）が加わっていて、日本にはない形の出版業界団体だ。過去に「書籍価格拘束法」制定や「間接税軽減税率」実現などで、政治的にも強い影響力を発揮してきたという。

しかし、今回まとめたテーゼをみる限り、業界三者がなれ合っているというより、紙媒体の減少を冷静に受け止めて、それぞれの将来像を描こうとしているようだ。

そして、団体自体の将来についても、現在のありかた――会費を各企業の売上高に準じて徴収していること――と業界で書店や出版社の集中化が進んでいることから、「すべての分野で会費が減る」とし、会費の制度を見直す必要性を指摘。さらに、連盟が「残るであろう書籍販売業を代表するのか、新しいメディアを代表するのか」というところまで踏み込んでいる。

ここまで赤裸々に語られてはいないが、日本の出版業界にもこのテーゼの内容と共通する課題が多い。日本でも業界人が客観的な情報に基づいて、冷静な分析をおこなう必要があると思う。

九月のはじめには、図書流通連盟傘下のメディアキャンパスにドイツ、オーストリア、スイスの出版人百五十人が集まり、このテーゼをもとにした「未来会議」を開催したという。今後、ドイツの出版人たちが未来に向けてどのような展望を描き出すかには、とても興味をそそられる。

（初出：「Journalism」二〇一一年十月号）

4　中小書店の世界組織――ニューヨークのブックエキスポで聞いた話

二〇一二年六月四日からニューヨークで開かれたブックフェア、ブックエキスポ・アメリカの会場で、アメリカ書店組合（ABA：American Booksellers Association）のオーレン・タイシャーCEOから、書店組合の世界組織が活動を始めているという話を聞いた。この組織は国際書店連盟（IBF：International Booksellers Federation）といって、ベルギーのブリュッセルに本部があるという。

タイシャーCEOによると、IBFはヨーロッパを中心に五、六年前に活動を始め、ABAも最近参加するようになったという。日本の書店組合も生き残りのアイデアを共有できるのではないかと、参加を勧められた。

ウェブサイトをみると、イギリス、ドイツ、オランダといったヨーロッパ主要国とチェコ、ブルガリア、ルクセンブルク、デンマークなどの国々が加盟している。ヨーロッパ以外では、アメリカ、カナダ、南アフリカ、そして中国の名前もある。地域に根ざして活動している小売り書店が、このような世界組織をつくっているのは驚きだった。

国や地域によって環境が違うし、経済制度も違うため、同じ書店だからといって、必ずしも共通の課題を抱えているわけではないと思う。そんななかでこうした組織が拡大しているのは、やはり出版物の電子化が進み、各国の書店がどうやって生き残っていけばいいのかと、同じ危機感をもっていることの表れではないだろうか。

日本の書店の全国組織である日書連の組合員数は、二〇一二年四月一日現在四千七百十八である。一一年一年間で脱退二百六十九、加入四十一で、差し引き二百二十八の減少となった。筆者がこの業界に入った二十年ほど前は一万二千以上だったので、その減少幅の大きさがわかる。

それでも、ABAの会員は約千六百といわれているので、おそらく国際的にみても日本の組合員書店数はまだ多いほうだろう。そもそも総書店数自体が、二〇一二年五月一日時点で一万四千六百九十六店（アルメディア調べ）と、主要先進国ではきわめて多い（ピーク時は二万三千店あまりあった）のだ。

日書連は必ずしも小規模書店だけの団体ではなく、紀伊國屋書店など全国チェーンも加入している。しかし、理事会のメンバーのほとんどは地域中小書店の経営者で占められているので、やはり中小書店の利益代表という側面が強い。

柔軟な発想でしぶとく生き残るABA

かつて勢いが盛んだった頃、日書連の活動の柱は「出店問題」「再販問題」「取引問題」だった。

「出店問題」とは、大手書店などが新規店を出店しようとする際に団体で圧力をかけて、阻止ないしは地元書店に利益還元するように促す活動である。しかし、二〇〇〇年に大規模小売店舗法が廃止されて以来、こうした活動は難しくなった。

「再販問題」とは、書籍・雑誌の小売価格を拘束している再販制度（再販売価格維持制度）を存続させるように政府などにはたらきかける活動だ。小売価格が同じであれば、資本力の大きな書店が価格競争で市場を席巻するのを防ぐことができる。ただ、再販制度が維持されていても、現状では書店の苦境は深まっている。

「取引問題」とは、組合として出版社や取次にかけ合って、出版物の卸値を下げてもらったりする活動だ。一九七〇年代には、岩波書店など卸値が高い出版社の本の不買運動「ブック戦争」を起こすなど過激だったが、独占禁止法で事業者団体が取引条件について交渉することは禁止されているので、現在ではそのような活動はできない。

いわば、かつて日書連の存在理由だった活動の多くが、時代とともに意味を失ってしまったといえる。組合員が減少している背景には、単に書店自体が減っているだけでなく、組合への加盟メリットがみえにくくなっているという現実もあるだろう。

他方、ABAは、いわゆるチェーン書店は加盟しておらず、中小書店（独立系書店）の組織として徹底している。かつては大手書店も加盟していたが、そうした大手書店に有利な取引条件を提示する大手出版社を訴えたりしたため、大手書店は脱退してしまった。というより、ABAは中小書店の利益代表であるという存在理由を明確にしているといえる。

そんなアメリカでは、一般書の一七％が電子書籍で読まれ、ベストセラーに限るとその割合は四〇％に及ぶという。紙の本についても、「Amazon」をはじめとするオンライン販売とウォールマートなど量販店がそれぞれ市場の三割を占め、ABAの組合員である独立系書店は八％のシェアしかない。

それでも、ニューヨークの書店のなかには地域コミュニティーに支えられて開業以来三年間、成長を続けているグリーンライツ・ブックストアがあるように、独立系書店も決して負けてはいない。減り続けていたABA会員も、ここ三年は微増しているという。

むしろ、二〇一一年春に業界二位の大手書店ボーダーズが倒産したことで、「これからは大きな書店はダメになり、むしろ地域に密着した独立系書店の時代だ」という声さえある。

日本国内だけをみていると、書店の数は減り続け、オンライン書店のシェアが拡大し、電子書籍が本格的な市場形成期を迎えようとするなど、書店にとって暗い話題ばかりが目立つ。

しかし海外に目を転じると、日本と同様に、いやそれ以上に厳しい環境にあるにもかかわらず、前向きにあがいている書店があることがわかる。そうした世界の動きとも呼応して、日本の書店が柔軟な発想で、しぶとく時代に挑んでいくことを期待したい。

（初出：「Journalism」二〇一二年七月号）

5　海外に打って出る韓国出版社
――国内市場の縮小傾向で日本はどうする

七月三日から東京・江東区の東京ビッグサイトで開かれた東京国際ブックフェア二〇一三は、韓国をテーマ国に、さまざまな展示や講演会などが開催されたが、韓国側には、何とか日本で自国の出版物の市場を拡大できないかという強い思いがあった。

韓国パビリオンでは、日本との歴史的なつながりを示す「朝鮮通信使」の文献や絵図、日本と韓国でそれぞれ選んだ翻訳書五十点を集めた「韓国人が読んだ日本の本、日本人が読んだ韓国の本」などが展示された。また、日本で翻訳書が出ている著名作家も多数来日し、作家・立花隆と韓国の前文化大臣・李御寧による座談会「デジタル時代、なぜ本か」をはじめとする対談などもおこなわれた。

韓国は映画やテレビドラマ、K―POPなど、海外にも輸出できるコンテンツ産業に力を入れ、政府もそうした産業をサポートしている。その結果、「韓流」と呼ばれて、日本をはじめとしたアジア圏を中心に人気となっている。そうしたコンテンツの源泉は出版物（活字メディア）だという考えで、韓国政府は出版でもいろいろな支援政策を進めているのだ。

今回の催しにも政府が資金援助をしているし、作家の訪日などをサポートした政府機関・韓国文学翻訳院は、日本など海外の出版社が韓国語の本を翻訳出版する際にも、一定の審査を経て助成をおこなっている。しかし、こと日本と韓国の間の出版物取引となると、圧倒的に日本から韓国への流れが強いのが現状だ。

もともと韓国の出版市場は輸入超過の状態にある。ブックフェア期間中に開かれたシンポジウムでは、このほど韓国でも翻訳出版された村上春樹の新刊『色彩を持たない多崎つくると、彼の巡礼の年』[1]のアドバンス（前払い印税）が、なんと推定一億五千万円から二億円となり、村上の前作『１Ｑ８４』で記録した一億円を更新し、韓国の翻訳出版史上最高額になったと報告された。

そして、この報告によると、韓国で二〇一二年に刊行された新刊書三万九千七百六十七点のうち、翻訳出版物の割合は二五％から三〇％に達し、国別では、コミック（マンガ）を含めると、日本が三千九百四十八点（マンガが二千三点）で、翻訳書の三九％を占めている。

一方、日本で翻訳出版される韓国の出版物は、韓国出版研究所が主要エージェンシー六社におこなった調査によれば二〇一一年から一二年は四十一点で、このうち文芸作品は二十点から三十点にとどまっている。〇四年に韓流ドラマがはやって以降、そうしたドラマの原作やタレントの写真集などが翻訳されるケースが増えているし、英語学習の世界で韓国のテキストが日本でランキングの上位を占めることもあるが、韓国で出版される日本の出版物の量と比べればきわめて少ない。

しかし、日本以外の国への展開をみると、事情は違ってくる。近年はむしろ韓国出版社の積極性と実績が目立つのだ。

中国では韓国の学習マンガが数多く翻訳出版されていて、タイなど東南アジアへの展開も日本以上だという。ちなみに、先の韓国出版研究所の調査によると、韓国からの出版物の著作権輸出は中国が四百六点、タイが三百二十七点、インドネシアが二百四十三点となっている。

海外進出に消極的だった日本の出版業界

日本でも朝日新聞出版が翻訳出版してシリーズ三十六巻で百九十万部という、日本市場での韓国出版物としては異例の売れ行きになっている『サバイバル』シリーズ[2]は、中国で三百万部を発行したのを始め、韓国を除いた東アジアを中心に千百万部を発行している。

日本の出版物も、海外で韓国の出版物以上に読まれるようになっている。特にマンガは韓国・台湾などアジア圏が大きな市場となっているほか、フランスやイタリア、ドイツなどヨーロッパ各国、北アメリカでも広く刊行されるようになった。

しかしこうした市場は、日本の出版社が積極的に拡大したというより、現地のニーズが先行してできたものだ。もちろん、日本の出版社も黙ってみていたわけではないが、どちらかというと待ちの姿勢だったように思う。

日本は一億人以上の人口を抱え、しかもほぼ一言語に統一されているため、出版社は国内市場で十分に食べることができたのだ。リスクを冒してまで海外に本を売りにいく必要はないという雰囲気が、少なくとも十年ほど前まで、出版業界では一般的だった。

その結果、海外で最も多く読まれている日本人作家・村上春樹の海外翻訳権の取引は、日本の出版社を通していない。これには著者本人の意向が強いと思うが、かつて日本の出版社には、海外の出版社やエージェントと交渉する部署さえほとんどなかった。村上春樹の著作を刊行する、日本の代表的出版社でさえ、海外部門を設立したのは二〇〇七年というところがあるほどだ。

しかし、国内市場の縮小傾向が長引くことで、こうした出版社の意識も変わってきた。以前から海外展開に積極的だった講談社は、今後の成長部門として「デジタルと海外」を明確に打ち出しているし、小学館・集英社・KADOKAWAなどの大手出版社も、中国をはじめとしたアジア、欧米への展開を積極的に進めている。

日本にはマンガ、文芸、ライトノベルなど、多くの資産がある。ただし、待っているだけでは売れない。やはり積極的に売りにいく姿勢が問われる。

かつて『サバイバル』シリーズを出した韓国の出版社の担当者に話を聞いたとき、その担当者は日本の出版社について、「話が決まるのが遅い。半年もかかってしまうこともある。その点、中国などは早い」といっていた。日本の出版社も海外展開を進めるのであれば、自分たちの仕事の進め方も変えていかなければならないのかもしれない。

注

(1) 村上春樹『色彩を持たない多崎つくると、彼の巡礼の年』文藝春秋、二〇一三年

（2）崔徳熙／洪在徹／ゴムドリ co.／金政郁文、姜境孝／文情厚／李泰虎／韓賢東／鄭俊圭画『サバイバル』シリーズ、朝日新聞出版、二〇〇八―一三年

（初出：「Journalism」二〇一三年八月号）

6　東京国際ブックフェアの成り立ちと今後

二〇〇七年で十四回目を迎えた東京国際ブックフェア（略称ＴＩＢＦ、主催リード・エグジビション・ジャパン〔以下、リードジャパンと略記〕）は、世界三十カ国・地域から七百七十社が出展し、来場者数が五万人を超える国内最大のブックフェアに成長した。

海外、特にアジア諸国からも多くの出版関係者が集まり、国際的な年中行事としても定着してきたようだ。その一方で業界には、「欧米の主要ブックフェアのような位置づけが希薄」「中堅どころの主要出版社が少ない」「電子機器など出版社以外の出展者が多すぎる」などといった批判の声も存在する。

ＴＩＢＦは業界団体が主催する催事として始まり、展示会専門業者リードジャパンによる運営、国際化、展示場の変更、開催権の譲渡などの変遷をたどって現在に至る。その意味で、変化を続けている発展途上のフェアだといえる。

さらに二〇〇六年からは、同時期に開催されている「本の学校出版産業シンポジウム」といった

新たな動きも現れている。そうした動きも含めて、ＴＩＢＦはその役割と今後の方向性を改めて問い直す時期にさしかかっているように思われる。

国内外からこれだけの来場者を集めている展示会を、さらに出版業界の人々に有益なイベントにするためにはどうすればいいのだろうか。こうした視点から、ＴＩＢＦの現状とそのたどってきた道のりを概観しながら考えてみたい。

●――Googleが注目を集めた二〇〇七年のＴＩＢＦ

二〇〇七年のＴＩＢＦは七月五日から八日まで、東京・有明の東京ビッグサイトで開かれ、主催者発表によれば、出展者、来場者とも過去最高を記録した。

展示会場でいちばん注目されたのは出版社の出展ではなく、この会期に合わせて新サービスをスタートさせたGoogleの出展だった。

世界中の書籍を電子化して検索エンジン「Google」の検索対象にするという「Googleブックサーチ」の日本語対応は、業界内にとどまらず、一般のメディアからも注目を集めた。

アメリカからこのサービスの責任者が来日し、会期初日の午前中には渋谷のGoogle日本法人に報道関係者を集めて会見を開き、会場では自社ブースで出版関係者やマスコミに向けて新サービスの内容をアピールした。その模様は各種メディアで報道され、ブックフェアへの関心を高める結果にもなった。

同社の出展は、「ブックサーチ」への出版社登録受付を開始した前年に続いて二回目だった。このようにＴＩＢＦは、出版業界外の企業が業界に事業をアピールする場としても利用されている。

二〇〇三年には電子書籍閲覧端末「ΣBook」を発売した松下電器産業が、〇四年には「LIBRIe」を発売したソニーが大型ブースを出展していたし、インターネットでダウンロード型電子書店を運営する会社なども、近年は出展の常連になっている。特に〇七年は、〇六年から本格化している携帯電話向け電子書籍（コミック）の取次業務を手がけるビットウェイ、モバイルブックジェイピー、パピレスなどが、一斉に電子取次業務をアピールしていた。また、出版向けソフトを提供しているアドビも常連の一社だ。

こうした企業は出展の目的が明確で、集中的に投資して派手なブースを出すので、フェアを盛り上げる役目を果たしている。そして、以前ならコンピューター系の展示会に力を割いていたこれら企業がＴＩＢＦを利用していることから、ＴＩＢＦが出版業界最大のイベントであることが、業界外でも認識されていることがわかる。

●直取引出版社は積極的に出展

一方、出版社の展示で目を引くのは、パンローリングやトランスビューといった書店に直接取引で本を販売している出版社のブースだ。いずれも企業規模はそれほど大きくないが、同規模の出版社に比べると相当大きなブースを出していた。

パンローリングは、書店との直接取引によって翻訳ビジネス書を中心に刊行してきたが、最近は復刻マンガに力を入れ、二〇〇七年は入り口付近に大型ブースを出して、多くの来場者に復刻マンガをアピールしていた。

また、池田晶子『14歳からの哲学』(1)で有名になったトランスビューは、社長と役員の計三人という小規模ながら、二〇〇六年に続いてブースを出展。書店人に依頼して作った人文書のモデル棚(他社の書籍も入れている)の展示は前回よりも種類を増やし、レベルアップしていた。

直取引出版社にとって、TIBFはまさに書店や読者との有効な接点になっている。彼らは取次を通さない分、書店と顔が見える関係にしておかないと仕事がスムーズに進まない。そしてブックフェアは、通常、電話やメールでやりとりしている書店担当者が向こうから来場してくれるという意味で、メリットが大きい。また、少人数のため広範には営業に回れない彼らにとって、未知の書店人と出会うチャンスでもある。いわばほかの出版社が集めてくれた書店や読者が、彼らのお客さんになりうる場なのだ。

消極的な大手出版社

これらとは対照的なのが、大手出版社のブースだ。書店向けの窓口さえ設けずに、読者向け割引販売やパネル展示でお茶をにごしたり、なかには商品を並べるだけで販売も受注もしないで、明らかに業界行事へのお付き合いという姿勢がありありの出版社もある。

これらの出版社は、いまさら書店に自社をアピールする必要性などが乏しく、主要な取引先へは販売促進担当者が訪問し、商談をすませている。また、取次を通して潤沢に商品を供給しているので、へたに会場で受注したりすれば、過剰送品の原因を作りかねないという感覚が強い。

書店向けの商談をする場というTIBFの位置づけは、大手出版社の出展目的にはなりにくい。彼らの出展内容の多くが読書推進活動や謝恩販売に集中していることからも、大手出版社の出展目的が読者謝恩にあることは明らかだ。TIBFが基本的にはビジネスフェアとしての枠組みをもちながら、一般読者が多く集まるイベントになっているのはこのためだろう。

本の学校シンポジウム

二〇〇六年から始まった「本の学校出版産業シンポジウム」の第二回がTIBF会場に隣接する会議棟で開かれたが、これは筆者が直接関わった催しでもあるので、少し詳しく報告しておきたい。

このシンポジウムは、鳥取県米子市で「本の学校」を運営する本の学校運営委員会が主催し、日書連、書協、雑協、書店新風会、日本書店大学、日本出版学会の協賛で七月七日土曜日に開かれた。実際の企画・運営には、今井書店グループの永井伸和会長と、筆者や若手出版人が中心になって組織した実行委員会があたっている。

午前中にリードジャパンとの共催で開いた第一部「書店に未来はあるのか！――大型書店から街の本屋まで、激変期の書店経営者が徹底討論」は、日本書店大学学長の田辺聰がコーディネーターを務め、大垣守弘（京都・大垣書店）、世良與志雄（広島・フタバ図書）、高須博久（豊橋・豊川堂）、高野幸生（TSUTAYA商品本部BOOK企画グループ）がパネリストとして参加し、地域書店の役割や必要な書店マージン率の提案など、かなり突っ込んだ議論がおこなわれた。

午後の第二部は分科会で、具体的なテーマに即して議論をおこなった。

第一分科会「書店協業化の可能性――中小書店が展望を持つために」は、コーディネーターを筆者が務め、パネリストに渡辺順一（NET21代表取締役社長、進駸堂）、柴田信（岩波ブックセンター信山社）、吉見光太郎（NET21取締役、吉見書店）を迎え、神保町再生プロジェクトとNET21という実際の協業について、組織作りや意思統一の方法などを報告した。

第二分科会「雑誌で支える書店経営――「私はこうして雑誌売上を伸ばしました」」は雑協との共催で企画し、コーディネーターを雑協の名女川勝彦（文藝春秋）が務め、伊藤清彦（さわや書店）、森岡葉子（くまざわ書店）の両氏がパネリストとして、それぞれ有効な雑誌の販売方法を紹介した。

第三分科会「地域密着と古書新刊併売――米国独立系書店の生き残り戦略」は、筆者がコーディネーターになってアメリカ最大の独立系書店パウエルズブックスのマイケル・パウエルを招き、フタバ図書の世良與志雄とともに、新刊と古書の併売と地域密着戦略について語ってもらった。

第四分科会「若手書店人の力――現場発のコラボレーション」は、NPO本屋大賞実行委員会理事の杉江由次（本の雑誌社）をコーディネーターに、現場で活躍する若手書店人の白川浩介（オリオン書房、NPO本屋大賞実行委員会理事）、高坂浩一（堀江良文堂書店・千葉会）、高橋美里（ときわ書房・森見登美彦書店応援団まなみ組）の三氏がパネリストとして、現場発の取り組みについて議論をおこなった。

このシンポジウムは、一九九五年から九九年まで五年間にわたって鳥取県大山町で開かれた「大山緑陰シンポジウム」の精神を引き継ぐことを目的に企画された。今井書店の永井会長が「本の学校」開校のプレイベントとして開いた大山シンポは、毎回数百人の業界人が集まり、昼間の分科会形式の議論にとどまらず、文字どおり夜を徹して出版について語り合う場になった。

そして、ここでの出会いから、朝の十分間読書の全国展開、「季刊・本とコンピュータ」(「本とコンピュータ」編集室編、大日本印刷ICC本部)創刊、青空文庫の広がり、往来堂書店の開業といったさまざまな企画が生み出された。こうした人と人との出会いの場、参加者が展望やヒントを得られる場を作りたいという思いが、かつて大山シンポに参加した実行委員会のメンバーを動かしている。

また筆者個人としては、TIBFという業界人が集まる場所をより生かしたいという思いもあった。何度か参加したアメリカのブックフェアであるブックエキスポ・アメリカ(BEA)では、業界人研修のためにいくつものセミナーが開かれていて、その多くは、アメリカ書店組合(ABA)が組合員書店向けの教育プログラムの一環として企画したものだ。そこでは書店人に必要な販売・経営・財務・プロモーションといったプログラムから、マンガの取り扱いや新刊と古書の併売といった最新動向の報告まで、多種多様な講座が開かれている。

「本の学校出版産業シンポジウム」は、まだボランティアによる試行錯誤の活動ではあるが、出版業界人が集まるTIBFを業界人がヒントを見つけたり、最新の情報に触れる場とし、特に日々店頭で忙しく働いている書店人が年に一度は日常業務から離れ、業界全体の動きや将来のことを考えて、仕事に対する新たな意欲をもてるような場にできないかと考えている。そしてこれは、TIBFはそういう場になることで、出版業界にとって、また出展者・来場者にとってより意味があるイベントになるのではないかという提案でもある。

日本のブックフェアの変遷

海外のブックフェアをみていると、書店を呼んで書籍の売り込みをするフェア、各国の出版人が集まって国際的な出版権取引をおこなうフェアなど、その目的はさまざまだ。また、それぞれの国や地域での出版ビジネスの形やブックフェアがたどってきた歴史によっても異なる。

日本のブックフェアの歴史は、中世から続くドイツのフランクフルトブックフェアや、一九〇〇年に第一回が開かれたアメリカのABAコンベンション（現在のBEA）などと比べると、それほど古いものではない。

書協などの出版業界団体が一九八四年に開いた第一回のフェアは、「日本の本展」という読者向けのイベントで、八八年の第三回から「東京ブックフェア」に名称を変えた。

国内の一般読者向けだったブックフェアに〝国際〟の冠がついたのが一九九二年、そして運営を現在の主催者であるリードジャパンが担当する形になったのは九四年からだ。

実はそれ以前の一九九〇年二月、展示会会社カーナーズエキスポジションジャパン（現在のリードジャパン、社長は現リードジャパン石積忠夫社長）が国際ブックフェアを企画し、日本で初めての国際的な著作権取引を目的としたブックフェアを東京・晴海の展示場で開催するために、出版社などへの出展交渉を開始した。

ところが、国内向けのブックフェアを開催してきた出版業界団体が、事前の協議がなかったことなどから反発したため、欧米からランダムハウスやハーパーコリンズなど有名な大手出版社が数多く出展する一方で、日本からは日販国際部、福音館書店など、ごく一部の業者だけが出展する事態となった。結局、カーナーズ社は当初、定期開催するといっていたこのフェアを一回で断念せざるをえなかった。

業界側の反発の背景には、単に事前の協議がなかったという行き違いだけでなく、ブックフェアをあくまでもビジネスの場だと位置づけるカーナーズ社の考え方に対する違和感もあった。当時の出版業界では、出版物を「商品」といったり、出版を「ビジネス」、本の売り方を「マーケティング」と呼ぶような姿勢への反発が、いまよりも強かった。この感覚のズレは、その後のTIBFでも絶えず感じられてきたことだ。

そして、このフェアに反発した出版業界団体側は、一九九二年の東京ブックフェアを〝国際〟化して開催した。これはカーナーズ社の動きを意識しただけでなく、業界側にも国際化を図ろうという機運があったからだ。当時、書協の国際委員長だった前田完治（三修社）が中心になって、ブックフェアの国際化、さらにはアジア・太平洋地域の出版交流を進めるアジア・太平洋出版連合（APPA）構想を推進していた。もちろん、ビジネス色よりも出版文化交流という側面が前面に押し出されていたことは言うまでもない。いま考えてみると、出版業界はまだそれほど深刻な不況に見舞われていない時代でもあった。

出版業界団体とリードジャパンの共催へ

当初の東京ブックフェアは、業界団体が組織した実行委員会が主催し、書協の事務局と広告代理店の博報堂が実際の運営にあたっていた。名著の復刊企画など読者を意識した面白い試みをおこなっていたが、これらは出版社の営業担当者が中心になって組織した委員会が、まさに無償の業界業務として実施していた。

業界団体が開いた初の国際ブックフェアとなった一九九二年は、それまでにない大がかりなものだったが、事務方からは、これだけのイベントを業界団体と出版社のボランティアだけで続けるのは無理だという声があがった。国内向けのイベントとは違い、世界中の出版社への出展依頼からさまざまなやりとりをおこなう必要があり、とても片手間でできる仕事ではなかったのだ。

こうして、専門の業者に運営を任せなければ国際ブックフェアを継続することはできないという業界団体側の事情と、ブックフェアの開催を望んでいたリードジャパン（カーナーズ社から移行）の思惑が一致し、業界団体が主催し、リードジャパンが運営するという、その後のTIBFの形ができあがり、第一回TIBFが一九九四年に千葉県の幕張メッセで開かれた。このとき、同じ会場でAPPAの設立総会も開かれている。

TIBFの変化

しかし、こうした流れでできあがったブックフェアは、必ずしも最初から順風満帆だったわけではない。出展社数は一九九二年のフェアよりも大幅に増加したが、リードジャパンが掲げたビジネスフェアという位置づけに、違和感を感じる出版人も少なくなかったのだ。

そうしたなかで、TIBFが業界催事として位置づけられるきっかけになったのが、公正取引委員会による再販制度の見直しだった。一九九一年から始まった「政府規制等と競争政策に関する研究会」（座長・鶴田俊政専修大学教授）の提言に基づく再販制度見直しは、二〇〇一年三月に公取委が制度を「当面存置」するとの結論を出すまで、約十年間にわたって業界最大の懸案事項だった。

この結論では、公取委が業界に、再販制度の弊害を少なくするための時限再販と部分再販を活用するよう強く求め、業界側ではそれをアピールする場として、ＴＩＢＦ会場での割引販売を始めた。これが、現在でもＴＩＢＦの目玉の一つになっている出展者による割引販売だ。

それまで原則禁じられていた読者への即売が解禁されたことで、それを目的に出展する出版社が現れるようになった。また、読者にも年に一回、二割引きから五割引きで新刊書が購入できる場所という認識が広がり、本好きのリピーターが集まるようになった。

次に迎えた大きな変化は、展示会場の変更だった。幕張メッセからより都心に近い東京ビッグサイトに会場が移ったことが、割引販売とともに一般来場者の集客につながった。また、首都圏に集中している出版社にとっても、会場へのアクセスがよくなった。

出展企業も徐々に拡大していった。当初から想定されていた出版社・印刷会社を中心とする出版業界周辺の企業だけでなく、先にあげた電子機器メーカーや出版社向けの情報システム会社、書店のＰＯＳレジ開発会社なども出展するようになった。

運営面での大きな変化は、二〇〇二年に開催権が業界団体で構成する実行委員会からリードジャパンに移ったことだ。これ以降は実行委員会とリードジャパンの共催という形をとり、開催のイニシアチブはリードジャパンが握ることになる。その後、〇五年にリードジャパンは開催時期を「世界本の日」(旧・サンジョルディの日)がある四月から、教科書シーズンを避けて七月に変更した。

ブックフェアの目的と役割

世界各国で古くから開催されているブックフェアは、それぞれ明確な目的と役割をもっている場合が多い。八千社以上が出展する世界最大のフランクフルトブックフェア(FBF)では、国際的な出版権の取引が盛んにおこなわれているし、イタリアのボローニャで三月に開かれるボローニャ国際児童図書展は、世界の児童書関係者が一堂に集まるイベントとして定着している。またアメリカのBEAは、もともと書店組合のABA総会からスタートしているだけに、来場した書店に出版社が次シーズンの新企画を売り込んだり、書店がリメインダー(出版社のオーバーストックが低価格で提供される本。日本では自由価格本・バーゲンブックに相当する)を仕入れる場として機能している。

TIBFの場合はどうかというと、リードジャパンが当初掲げていた目標は、出版社と書店の商取引、海外出版社との版権(翻訳出版権)取引といったビジネスだ。これに、割引販売をはじめとした読者サービス、そしてGoogleなどによる出版社に対するアピールを加えた四つが、現在の主な目的といっていいだろう。

このなかで、出展者と書店との取引については、日本の場合、取次システムによって新刊本が書店に自動的に供給されているため、ブックフェアで近刊を受注するといった活動は、直取引出版社でなければ重視されにくい。リードジャパンは、特別報償などによる販売促進を出展者に提案しているが、返品が自由な現在の取引条件下では、出版社はあまり乗り気になっていない。

ただ二〇〇七年は、これまで読者向けの即売を中心に出展してきた「書物復権八社の会」（岩波書店・紀伊國屋書店・勁草書房・東京大学出版会・白水社・法政大学出版局・みすず書房・未来社）が、共同で書店向けの企画説明会を開くという動きがあった。老舗専門書系出版社によるこうした活動は新たな試みであり、現状の取引制度のもとで、書店向け説明会などを定期的に実施していない中堅以下の出版社が、書店に企画をアピールする場として確かに有効だといえるだろう。

●バーゲンブックの出展が二つに

また、二〇〇七年は書店向けで注目すべき出展があった。それは、書店に自由価格本（バーゲンブック）を卸す会社の出展が二つになったことだ。

一つは以前から毎年出展し、バーゲンブックの書店への卸販売と会場での即売を実施している八木書店・第二出版販売のブースだ。同社は以前、読者謝恩のために書店組合が出していたブースに共同出展して、即売を中心としてきたが、いまでは単独ブースを出し、書店やほかの流通業からの仕入れの引き合いも増えたという。

もう一方は、ダイヤ書房（北海道）と啓文社（広島県）の共同ブースだ。こちらはこの年が初めての出展だったが、書店などからの引き合いも結構あったという。

実はアメリカのブックフェアではここ数年、リメインダー業者の出展が急拡大している。リメインダーは出版社が一度通常ルートで販売した本を再び低価格で市場に供給するもので、書店は返品ができないため、現物を見て仕入れ数を決定したいと考える。ブックフェアがその一大仕入れ会場と化しているのだ。

新刊のほとんどが取次によって配本されている日本でも、買い切り条件のバーゲンブックは現物を確認して仕入れる必要がある。今回初めて複数のバーゲンブック業者が出展したことで、今後、TIBFがバーゲンブックを仕入れる場所として定着していくことも予想される。

このほか、海外出版社との出版権取引についても、TIBFは一定の役割を果たし始めている。大手出版社は、すでにFBFやロンドンブックフェアで商談が終わっているので、TIBFでの出版権取引をあまり重視していない。だが、少なくとも中国・韓国・台湾といった近隣諸国から、TIBFに合わせて毎年多くの出版人が来日しているので、日常的に海外との取引をしているわけではない中小規模の出版社にとって、TIBFは自社出版物の出版権を売るチャンスになってきている。他方、欧米の主要出版社の出展は相変わらずほとんどなく、むしろ彼らは巨大市場である中国を見据えて、北京国際図書展に出展しているようだ。

読者謝恩の場として、最もTIBFを活用しているのは児童書の出版社だ。各社が個別のブースを出すほかに共同のイベントスペースを設けていて、一般来場日である土・日は、通路を通り抜けられないほど親子連れが集まる。活字離れなどといわれる一方で、これだけ多くの親が子どもに本を読ませようとし、子どもも熱心に読みふけっている姿を見ると、読者謝恩もTIBF開催の大きな役割だと実感する。

●主要出版社の主体的な関わりが重要

出版業界では、TIBFには欧米の主要ブックフェアのようなはっきりとした目的がみえないという批判の声が根強い。また、リードジャパンが呼びかけるビジネス的なメリットに違和感を覚えている出版社は、いまでも少なくない。しかしその成り立ちからして、TIBFにはいくつもの目的を共存させざるをえないし、紆余曲折を経ながらこれだけのイベントに成長してきたともいえる。

そういう意味では、読者謝恩や国際化、そして業界人の交流などのためにブックフェアを開催したい業界側と、出展者や来場者を数多く集めて展示会ビジネスを安定・発展させたいリードジャパンが、いい意味で互いに互いを利用し合う関係を保てればいいのではないだろうか。そのためには、このフェアの最も重要な出展者である主要出版社が、それぞれ自分たちの目的をもって主体的に関わる必要があるだろう。

出版業界団体がリードジャパンに開催権を譲渡して五年たった。ただし、開催権を譲渡したとしても、TIBFが出版業界最大のイベントであることに変わりはない。そして、多くの一般読者と業界人が集まるTIBFは、いまや業界団体やリードジャパンといった一団体、一企業の専有物とはいえなくなっている。

展示会は、出展するそれぞれの企業・団体が主体的に目的達成のための努力をすることによってはじめて、参加者にとって有効な場になる。出版業界側はこのブックフェアにさらに積極的にコミットし、これまで以上に有意義な場にしていってもらいたいと思う。

注

（1）池田晶子『14歳からの哲学――考えるための教科書』トランスビュー、二〇〇三年（初出：「人文会ニュース」第百二号、二〇〇七年）

7 「出展者」が増え、「出版社」が減るTIBF

二〇一二年七月はじめに開かれたTIBF二〇一二は、主催会社のリードジャパンによると、過去最多の八百社が出展し、七万四千六百十六人が来場した。一方で、主催者団体の一つである書協は、「出版社の出展が減っている」として、TIBF委員会（下中直人委員長・平凡社）で意見交換をおこなうという。

両者の見方は矛盾するようにみえるが、それぞれの観点からするといずれも正しい。TIBF全体の出展者はリードジャパンがいうように増えているのだろうが、書協に属する著名な出版社のなかに、出展していないところが散見されるのも事実だ。

書協の役員社の出展状況をみると、正・副理事長を筆頭とする理事・監事社三十八社のうち、何らかの形で出展したのは二十五社で、六割強にあたる。しかし、共同ブースを除くと、単独ブースは九社だけだ。しかも、新潮社・文藝春秋・中央公論新社・有斐閣・筑摩書房など、日本で各分野を代表する出版社が出展していない。

ちなみに、新潮社が最後に出展したのは二〇〇九年、文藝春秋は一〇年、筑摩書房と中央公論新社は一一年と、書協の役員社に限れば徐々に出展をとりやめているのは確かだ。

もちろん、TIBFの出展者は書協の役員や会員に限られるわけではない。二〇一二年から会場を分けた国際電子出版EXPOや、拡大したライセンシングジャパン、今回から開設されたクリエイターEXPOなど、新たな切り口での出展者が増えていることはまちがいない。むしろ積極的に参加する出展者が、展示会を活性化していくと考えることもできる。

しかし、書協のブースで「なぜあの出版社が出展していないのか」と質問した一般来場者がいたという。やはり日本を代表する出版社の名前がないのは寂しい。さらにこうした事態には、出展している出版社からも、「ブックフェアの体をなさなくなるのではないか」と懸念する声が聞こえる。

そんななかで、「書物復権八社の会」は、TIBF会場に大学・公共図書館関係者と学生を招いて「ブックハンティング」を実施した。各出版社のブースで実際に本を手に取って選べるこの企画は、大変好評だったという。この企画は、今後の図書館営業に結び付けるだけでなく、将来の読者候補である学生にアピールできるというねらいで実施された。八社の会に属する出版社の規模は決して大きくない。そんな出版社が事前準備も含めた努力で、TIBFの意義を自ら作り出そうとする姿勢には、フェア本来の姿を見る思いがする。

TIBFは、書協を中心とする業界団体で構成する実行委員会と、展示会会社のリードジャパンが共催している。双方の目的が違うのは当然だ。しかも、各出版社がもっているTIBFの意義や目的は、必ずしも一致していない。

ただ、開催権や名義の商標権はリードジャパン側にある。そのため、実行委員会が主催者からはずれたとしても、ＴＩＢＦはリードジャパンによって継続することができる。

また、これだけ多くの出版社が集まり、書店や取次といった業界関係者、そして一般読者が集まるイベントはほかにない。かつて一九九〇年代はじめまでは、書協が中心になり、出版社が手弁当でブックフェアを開催していたが、現在の経済情勢で、そうしたフェアを出版業界だけで開催するのは難しいだろう。

実行委員会とリードジャパンは五年間の契約を結んでいて、現在の契約は二〇一四年までだ。そ

表3　書協役員の TIBF2012出展状況

出展状況	社名	共同ブース
	理事長	
○	小学館	
	副理事長	
△	医学書院	自然科学
●	新潮社	
○	創元社	
●	筑摩書房	
○	平凡社	
	常任理事	
△	金の星社	児童書
○	勁草書房	書物復権
○	講談社	
●	新興出版社啓林館	
△	大修館書店	国語・国文学
●	中央経済社	
●	原書房	
○	みすず書房	書物復権
○	ミネルヴァ書房	
	理事	
△	医歯薬出版	自然科学
△	オーム社	自然科学
△	化学同人	自然科学
△	学事出版	教育図書
△	共立出版	自然科学
△	建帛社	自然科学
△	コロナ社	自然科学
●	三省堂	
△	彰国社	自然科学
●	増進堂・受験研究社	
●	築地書館	
○	東京大学出版会	書物復権
△	童心社	児童書
△	南江堂	自然科学
○	農山漁村文化協会	
●	ＰＨＰ研究所	
●	ひかりのくに	
△	緑書房	自然科学
●	有斐閣	
	監事	
△	産業図書	自然科学
●	中央公論新社	
△	東京電機大学出版局	大学出版
●	文藝春秋	

○＝単独出展、△＝共同出展、●＝未出展

の後のＴＩＢＦをどのようにしていくのか。その道筋は、やはりブックフェアの本来の担い手である出版社が自らの知恵と努力で見いだしていくしかないように思う。

（初出：「文化通信」二〇一二年七月三十日付）

第6章 出版産業の課題と動向

1 二〇〇七年の出版産業

雑誌不振と書籍の低価格化

出版物の販売金額が減少し始めてから十年目にあたる二〇〇七年は、雑誌市場のマイナス傾向がさらに顕著になり、それが業界全体の懸念材料としてクローズアップされた年だった。さらに、雑誌と比べてこれまで需要が安定していた書籍も、低価格商品の増加に伴う販売金額の減少がみられ、予断を許さない状況にある。

雑誌の不振が、インターネットや携帯電話などを通した情報のデジタル化、すなわち社会構造の変化に起因していることは明らかであり、これは出版産業全体、そしてそこで活動する企業の構造変革を迫る動きだといえる。

雑誌の需要減退が鮮明に

二〇〇七年九月までの第一―第三四半期の書籍・雑誌販売金額は、書籍が前年同期比三・九%減、雑誌が同三・五%減で、合計三・七%減とマイナスで推移し、通年の数字でもこの傾向は変わらないだろう（統計数字は出版科学研究所調査による）。なかでも雑誌の不振が顕著であり、その対策の必要性が出版社・取次・書店の各レベルで叫ばれている。

この十年間にわたる〝出版不況〟の最大の特徴は、雑誌の需要低下だといえる。需要を示す販売部数の推移（図6）をみると、そのことがはっきりとわかる。

書籍の販売部数は一九八八年をピークに減少が始まり、長期的な低落を続けながらも増減を繰り返しているのに対し、雑誌はほぼ一貫してマイナスを続けている。九七年から二〇〇六年の販売部数の変化は、書籍が八億七千五百九十二万冊から七億五千五百十九万冊と約一四%減少しているが、雑誌は三十八億千三百七十万冊から二十六億九千九百四万冊と、約三〇%も減っているのだ。しかも、統計では月刊誌にコミックス、週刊誌にはパートワーク（「分冊百科」とも呼ばれる、週刊で刊行され、一年程度の長期間で完結するシリーズ）という堅調なジャンルが含まれているので、定期刊行誌の需要はここに表れた数字以上に減退しているとみられる。

すでに述べたように、低迷の理由がデジタル媒体の影響であることはもはや疑うべくもない。首都圏で電車のなかを見回すと、携帯電話や携帯ゲーム機、文庫や新書を手にする人は目についても、雑誌を読む人はほとんど見かけない。こうした現象は日本だけでなく、世界的に表れている。

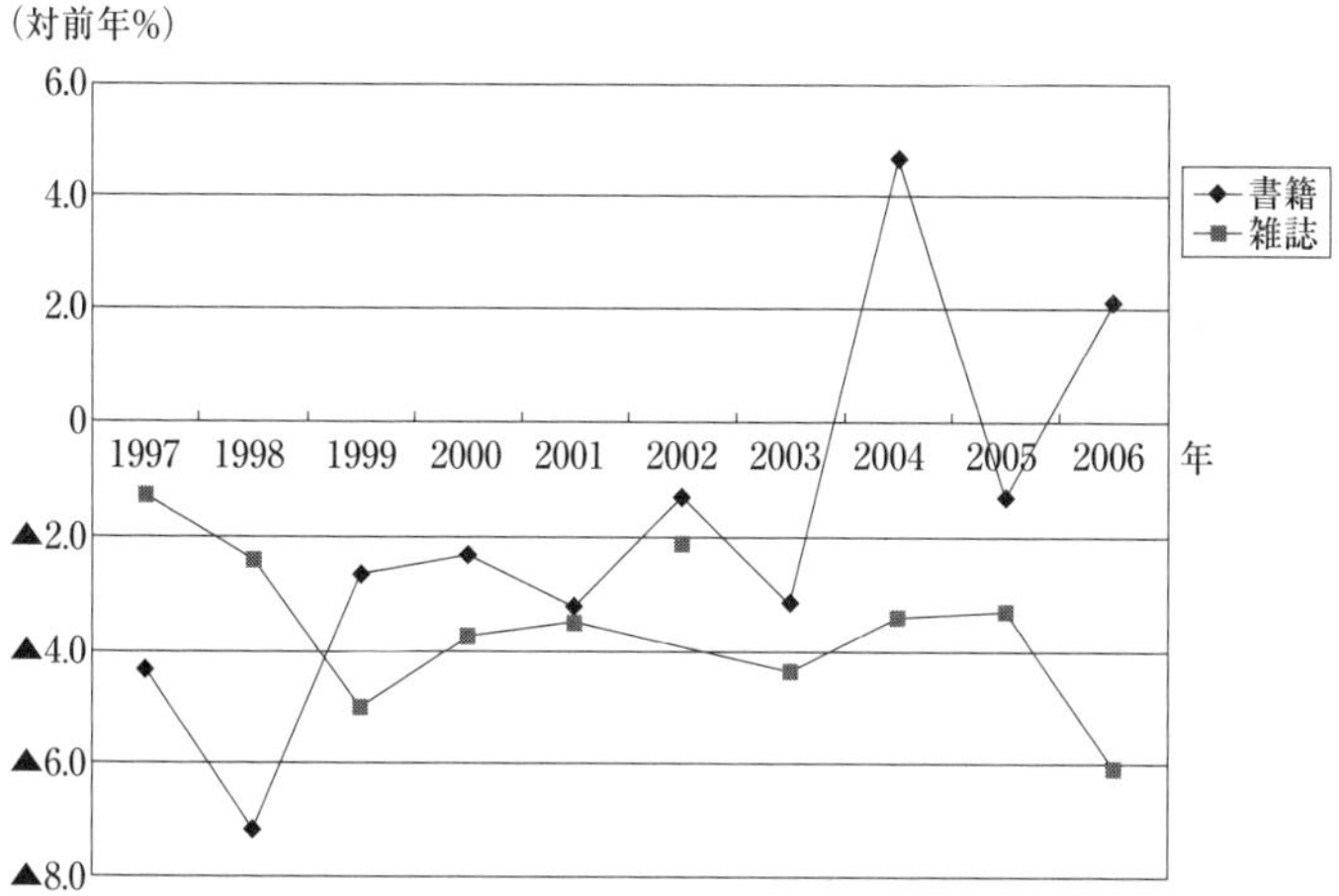

図6　書籍・雑誌の販売部数伸び率の推移(1997―2006年)
(出典:全国出版協会出版科学研究所編「2007年版出版指標年報」〔全国出版協会出版科学研究所、2007年〕)

海外でデジタルメディアの影響が最も顕著に表れたのは新聞だが、幸いに(といえるかは別にして)日本の新聞は世界に類をみない強固な宅配網を整備しているため、これまで部数の減少はあまり顕在化していなかった。それでも販売部数と広告収入の減少は明らかで、最近報じられている大手新聞社の分社化や、「朝日新聞」「読売新聞」「日本経済新聞」の提携といった、これまでなら考えられなかったような動きが起きている。

雑誌をみると、月刊誌よりも週刊誌のマイナスが大きい。刊行サイクルが短い媒体ほど、急激に部数を減らしているのだ。二〇〇七年はパートワークが好調だったために週刊誌全体の販売量を押し上げたが、日本ABC協会の公査部数をみると、総合週刊誌、女性週刊誌、週刊情報誌などはほぼ軒並み減少している。これまでも、テレビ、ニューメディア、マルチメディアなど新たな媒体が出現するたびに既存メディアの危機が叫ばれたが、雑誌の需要にこれほど明らかな影響が表れたことはなかった。

雑誌不振が意味すること

雑誌不振の意味について二つ述べておきたい。

一つは、雑誌不振の理由は一時的な不況の影響や、コンテンツの質の問題ではなく、情報流通の変化にあるということであり、もう一つは、雑誌不振を克服するためには、〝雑高書低〟といわれてきた、これまでの出版産業の収益構造自体を転換しなければならないということだ。

もちろん「CanCam」（小学館）や十一月に創刊即増刷になった「ジャンプスクエア」（集英社）など、いまでも読者から支持される雑誌はあるが、全体としてみた場合、今後、雑誌市場の縮小がどこかで止まることはあったとしても、再び拡大に転じるとは考えにくい。そうなった場合、出版社・取次・書店の経営は、雑誌の収益で成り立ってきたこれまでの構造のままでは立ちゆかなくなる。

また、雑誌のもう一つの収入源である広告についても、二〇〇七年にネット広告に抜かれることは確実といわれている（統計上では雑誌のウェブサイトに掲載された広告を雑誌の広告収入にカウントしているので、実はすでにネットが上回っているという説もある）。販売でも広告でも、デジタルの侵食が急激に進行しているのだ。

現時点で、出版社は雑誌に代わる有力な収益源を見いだしていないが、そのキーワードの一つがデジタルであることはまちがいない。また、日本よりも早く市場の飽和と少子化を経験したヨーロッパの雑誌を考えれば、ブランド力を生かした海外展開やマーチャンダイジング（商品化）など、権利ビジネスという展開もある。そうした新たな展開がないかぎり、雑誌ビジネスが拡大再生産を実現する方向性はいまのところ考えにくい。

これらはいずれも、国内の既存の出版流通には乗らない。その意味で、取次・書店は蚊帳の外の印象があるが、コンテンツの書き手と作り手の再生産構造が崩れては身も蓋もなくなると考えると、決して取次や書店にとって無縁な話とはいえないだろう。

そういう意味で、雑協が二〇〇六年末に雑誌広告協会と共催で雑誌広告をアピールするシンポジウムを開き、販売委員会のもとにデジタル出版（流通・販売）研究会を設置し、〇七年春から「雑誌売り名人発掘・書店店頭雑誌売り伸ばしプロジェクト」を立ち上げたのは象徴的だ。

雑誌の販売部数と広告収入の低下をくいとめるための店頭対策と広告対策に力を入れながら、一方でデジタル雑誌をはじめとする新しい収益源の模索を始めたからだ。

書籍は十分に機能を果たすが、低価格化が懸念材料

次に書籍の状況をみてみよう。先にも述べたように、書籍の販売部数は一九九〇年代後半から二〇〇〇年代のはじめまでマイナスだったが、〇三年からは、二百万部を超える『ハリー・ポッター』[1]が発売された年とされなかった年でマイナスとプラスを繰り返している。そしてこの間も百万部を超えるミリオンセラーが年間四点から七点出ていて、需要低下はほぼ底を打ったとみていい。

デジタル化の影響もきわめて限定的だ。二〇〇七年には、雑誌コードが付いているものの事典である『知恵蔵』(2)や『イミダス』(3)が発行をとりやめるなど、辞書や地図といった分野では電子化の影響を受けているが、ほとんどの書籍ジャンルで本に代替するデバイスやソフトは現れていない。

むしろ現時点では、ケータイ小説がベストセラーの上位を占めたり、ブログ本のヒットが相次ぐなど、ネット上のコンテンツを書籍として刊行することで有料化し、市場が拡大するという流れのほうが目立っている。

また、二〇〇六年に光文社が創刊した古典新訳文庫は、古典的名作を現代の読者向けに読みやすく新訳することで、ドストエフスキーの『カラマーゾフの兄弟』(4)が五十万部以上売れるという驚くべき現象を引き起こし、集英社は文庫版『人間失格』(5)の表紙をマンガ『DETH NOTE』(6)の作者・小畑健に依頼し、月間七万五千部を販売した。

さらに、河出書房新社の『世界文学全集』(7)は、かつての古典中心の全集ではなく、池澤夏樹が今日的な作品を集めるという切り口で刊行早々に増刷を決めたし、デジタル時代に新たな刊行はないといわれた百科事典も、平凡社が大幅改訂した『世界大百科事典』(8)が初版千部に千部の増刷を決めた。

これらの動きは、使い古されたようにみえるコンテンツや様式でも、現在の市場(読者)に合わせて手を加えれば新鮮な商品として再び受け入れられるという、出版物の商品特性を改めて思い出させる出来事であり、書籍はいまでもその器として十分に機能していることを示しているようだ。

しかしだからといって、書籍の世界が順風満帆というわけではない。二〇〇七年の上半期は、販売部数は前年同期比〇・一％増とほぼ横ばいだったが、販売金額は同三・九％減と大幅に落ち込んだ。その前年には『ハリー・ポッター』シリーズが刊行されて販売金額が伸びているが、〇七年上半期はこれを除いても二・四％減となっていて、文庫や新書といった低価格商品に需要が集まっていることを示している。

不況下で出版社は文庫や新書を次々に創刊し、読者がより購入しやすい価格帯で企画を出すようにしてきた。また、単行本も千円程度のケータイ小説など低価格化が進行している。こうした出版社の低価格戦略は需要の底上げに結び付く一方で、読者の低価格志向に拍車をかけているのかもしれない。

書店、キーワードはセレクト

次に書店の状況をみていきたい。二〇〇七年は前年よりも新規出店、閉店ともに減少したが、出店による増床面積は前年を大きく上回っている（書店統計はアルメディア調査による）。八月には新規店一店あたりの平均売り場面積が調査史上最大の三百六十九坪に達した。

また、北陸・九州・東北といった地域での出店が目立ち、チェーン書店間のシェア競争が都市部から地方に拡大してきたことが大きな特徴だといえるだろう。

そして、大型店の出店競争に伴い、単に大きいというだけでは競争優位に立てないため、付加価値が高い店舗を提案する書店も増えてきた。カルチュア・コンビニエンス・クラブが提唱している「次世代TSUTAYA」は、レンタルショップという従来のTSUTAYAのイメージから、より幅広い顧客を想定し、カフェを備えたマルチパッケージストアへと価値の向上を図ることをコンセプトにしている。

ふたば書房（京都）は、楽天市場などでのオンライン販売で知られるインテリア雑貨通販のアンジェを展開してきたが、実店舗でもアンジェとクロッシェというブランドでインテリア雑貨のセレクトショップを展開し、そのなかで本を提案する試みを始めている。大阪を中心に全国に店舗をもつ旭屋書店も、最近の出店ではセレクトショップやカルチャーセンターと複合し、〝本もある生活〟を提案する店舗を作っている。

東京・立川市のオリオン書房が十月五日、ＪＲ駅構内の商業施設ecute（エキュート）立川にオープンした新ブランド「PAPER WALL」も、カフェブームの仕掛け人である山本宇一がコーディネートした、書籍・雑誌売り場と本格的なカフェを併設した意欲的な店舗だ。売り場とカフェはそれぞれ二十五坪だが、コンセプトに合わせて選んだ出版物と不特定多数のニーズがある売れ筋商品を両方そろえる、新しい駅ナカ店舗の試みとなっている。

これらに共通しているキーワードは、店舗の大型化からイメージされる網羅主義ではなく、「セレクト」だ。大型化競争はどこかで必ず行き詰まる。また、現在はどれだけ多くの商品を陳列しても、オンライン書店の網羅性と検索力にはかなわない。そのなかで勝ち抜くためには、むしろ何らかのコンセプトに合わせてセレクトされた商品をそろえた、リアル店舗ならではの魅力が必要だろう。いち早くこうした店舗を展開することで、出版物の選択ができ、魅力的な提案もできる人材とノウハウの蓄積を始めているのだ。

中古など価格サービスの予感

一方で、読者の低価格志向に対応するように、新刊書店がリメインダー（バーゲンブック）や古書を取り扱う事例も増えつつある。

二〇〇〇年から古書の取り扱いをおこなっているフタバ図書（広島）は、〇七年三月にＪＲ広島駅構内に古書の専門店を開店した。新刊書店と同じような棚作りで、ＰＯＰなどもつけて、中古書店とは違う店舗作りを試みている。

また、二〇〇六年から古書を扱い始めた平安堂（長野）は、勝木書店（福井）・金高堂（高知）・田村書店（豊中）と共同で、古書の販売・買い取りシステムの開発や物流を担当する新会社を設立することを明らかにしている。

こうした書店は、ブックオフを始めとする中古書店に対抗し、中古書店よりも付加価値が高いサービス提供をめざしている。

そのブックオフが、逆に新刊書店に近づくような取り組みを進めている。最近出店した店舗では、売れ筋商品を面陳してＰＯＰをつけたり、カフェまで併設するなど、これまでのチープなイメージから脱却するような試みを始めている。中古書店の市場も成熟期に入り、競争に勝ち抜くためにも、より幅広い年齢層、特に団塊世代などの中高年層を取り込んでいく戦略だ。

消費者からみれば、新刊書と古書にそれほど大きな垣根があるわけではない。欲しいと思う本と出会える確率が高く、居心地がいい店であれば、新刊書店でも古書店でもいいはずだ。オンラインではすでに、「Amazon」のマーケットプレイスが新刊と中古を検索・購入できるサービスを提供している。

鮮度の高い新刊書や雑誌があり、同時に価格が安い文庫・新書・コミックスの古書、さらには品切れ・絶版になっているような本まで手に入る業態が実現すれば、出版物の購入には理想的な空間だともいえる。

二〇〇七年八月にはブックオフがオンラインで新刊の販売を始めたし、また低価格の書籍に需要が集まっている状況などをみても、この先、新刊と古書の併売はますます注目を集めるにちがいない。ただ、古書の取り扱いには値付けや買い取りの目利きなど、専門的なノウハウが必要だし、チェーン店以外に大型の古書店がないことからもわかるように、商品調達が最大のネックになる。こうした障害を乗り越えた企業が、日本の出版界で新しい時代を切り拓いていくことになるかもしれない。

●本こそ顧客情報が生きる

二〇〇七年には、日販のCRMサービス「Honya Club」の会員数が百万人を突破したというニュースもあった。書店の顧客管理もこれから徐々に本格化するだろう。

実際に「Honya Club」で収集された購入履歴データをみると、例えばよく売れているマンガ週刊誌は四十代の女性購入者が多いとか、販売冊数が多くても購入客数が少ない、まとめ買いの傾向がある書籍など、いままでおぼろげだった読者の顔がみえてくる。

かつては、〝弁当や飲料じゃないのだから、本のPOS管理など意味がない〟といわれていたが、いまでは本こそ単品管理が重要だという認識に改まっている。このように、おそらく多品種少量で購入者の嗜好が如実に表れる出版物こそ、購入履歴データが生きる商材だと思われる。そしてその武器を有効に使えるかどうかが、書店経営に問われる時代もそう遠くないだろう。

注

（1）前掲『ハリー・ポッター』シリーズ
（2）『知恵蔵』朝日新聞社、一九九〇―二〇〇七年
（3）『イミダス』集英社、一九八七―二〇〇七年
（4）ドストエフスキー『カラマーゾフの兄弟』全五巻、亀山郁夫訳（光文社古典新訳文庫）、光文社、二〇〇六―〇七年
（5）太宰治『人間失格』（集英社文庫）、集英社、一九九〇年
（6）小畑健画、大場つぐみ原作『DETH NOTE』全十三巻（ジャンプ・コミックス）、集英社、二〇〇四―〇六年
（7）池澤夏樹編『世界文学全集』全二十四巻、河出書房新社、二〇〇七―一一年
（8）『世界大百科事典』全三十四巻、平凡社、二〇〇七年

（初出：「日販通信」二〇〇八年一月号）

2　二〇〇八年の出版産業

●――デジタル化と本格化する業界再編

▼企業破綻と業界再編

二〇〇八年のはじめに草思社破綻が大きなニュースとして出版業界を駆け巡った。その後、文芸社が同社の親会社となり、さらに注目を集めた。文芸社は自費出版（同社ではそう呼んでいないが）で成長した会社であり、通常の出版社とはビジネスモデルが異なる。その文芸社が、かつてベストセラーを連発した中堅出版社である草思社を傘下に置いたことは、業界に少なからぬ衝撃を与えた。

さらに、中古書販売最大手のブックオフが、新刊書店の買収を進めた。二〇〇八年だけでTSUTAYAのFC、倒産した洋販グループの青山ブックセンター、流水書房など三十二店を取得し、新刊の売上規模は四十億円に達する。これらの新刊書店は日販（MPD）、トーハン、大阪屋などの大手取次と取引している。

この両者の動きに象徴されるように、これまでわたしたちが考えてきた出版業界の枠組みが変わろうとしている。異業種だと思っていた企業が突然、競合会社になったり、提携先になる可能性があるのだ。これが、二〇〇八年に最も印象に残ったことだった。

▼雑誌の不振にどう対応するのか

出版科学研究所の調べによる二〇〇八年一月から十月の出版市場は、三・五％減。おそらく通年でもマイナスになることはまちがいないだろう。

販売金額は書籍が二・三％減、雑誌が四・五％減、販売冊数は書籍が〇・九％減、雑誌が六・七％減で、雑誌の不振はますます深刻化している。さらに景況の悪化に伴って広告収入も落ち込み、大手出版社の決算は軒並み厳しい状況になっているようだ。

そんななかで、こうした雑誌不振を克服するためのアプローチも始まっている。これまでほとんど手をかけてこなかった店頭販売のテコ入れによって、市場が縮小するなかでも、雑誌を確実に販売していこうとする動きだ。

日販をはじめとする大手取次各社が、それぞれ雑誌販売の施策を打ち出しているが、書店も動き始めている。

埼玉日販会は、これまで大型企画商品が中心だった年間増売のテーマに雑誌を取り上げた。取次の書店組織が雑誌増売に取り組む例は、これまであまりみられなかったという。

同会は東京に次いで埼玉県の販売シェアが高く、副都心線の開通でさらに需要が増えるという判断から、首都圏中心のグルメ誌三誌――「おとなの週末」（講談社）、「東京カレンダー」（アクセス・パブリッシング）、「食楽」（徳間書店）――を選び、九月から十二月の期間、専用ＰＯＰを作成し、会員書店にコーナー展開を呼びかけた。その前年に会長が交代し、二〇〇七年春、地区ＣＯＯに雑誌仕入れの経験者が着任したことで、こうした新しい取組みに挑戦する機運が生まれたようだ。

ここで取り上げられた講談社は、事前に申し込み部数を募って満数配本するという協力体制をとったが、同社は、それ以前から一部のチェーン書店に対して事前に特集内容などを伝え、申し込み部数を配本する試みを実験的に実施してきたという。いわば、書店店頭の需要に応じて商品を供給しようとする姿勢であり、これまでのように、返品があれば送品を減らすという縮小均衡の雑誌供給体制を見直す動きだともいえる。

確かに、雑誌の不振は情報流通の変化という大きな流れでみれば不可逆的なものであり、今後、かつてのような雑誌市場が復活するとは考えにくい。しかし、なかには根強い人気を保っている雑誌もあり、定期的に活字情報をパッケージとして届ける雑誌がまったくなくなってしまうことはないだろう。その意味では、縮小する市場のなかでいかに効率よく利益の最大化を追求するかというテーマは、出版社・取次・書店にとって共通のものだ。今後、いわゆる従来の「配本」ではなく、読者（市場）に届けるマーケティングとしての雑誌供給システムに転換していくことが求められているのだろう。

▼デジタル雑誌会議にみた産業構造の変化

その一方で、二〇〇八年十一月に雑協と国際雑誌連合の共催で開かれた「アジア太平洋デジタル雑誌国際会議」は、出版社にとどまらず、今後の出版産業を考えるうえで象徴的な出来事だった。

同会議は十一月十二日から十四日、東京・千代田区のホテルニューオータニで開かれ、参加者は本会議場と文藝春秋西館に設けたパブリックビューイングを合わせると、十七カ国から延べ千百三十六人に達した。世界的な不況と円高のために海外からの来場者の減少も懸念されるなど、逆風のなかでの開催だったが、国内出版社が強い危機感をもっていたことで、かえって多くの聴衆が集まった。日本を代表する大手出版社の社長クラスが終日、会議の内容に聞き入っている姿は印象的だった。

会議の報告者のほとんどは、雑誌出版社にとってデジタルは「選択肢」ではなく、「必須」のものだと語っていた。もはや紙の雑誌だけのビジネスは考えられず、どうやってデジタル、ネットワークで収益を得るのか、具体的な事例がいくつも報告された。

パネリストの一人だった講談社の野間省伸副社長〔当時〕も、女性誌「ViVi」のブランドを使ってネット通販、提携クレジットカード、ライブイベント、海外展開などをおこなっている事例を報告した。また、小学館の「CanCam」元編集長・大西豊チーフプロデューサーは、集英社・講談社などの同世代向け女性誌をもまとめた「一大コンテンツネットワーク」の構想を披露している。

まさに、デジタル化という大波のなかで、これまでの雑誌ビジネスそのもの、さらには出版社の枠組みまで変わろうとしているかのようだ。すでに欧米では新聞社、出版社をはじめとするメディア企業が再編の嵐のなかにあるが、日本にもその嵐が到来しそうな予感を覚えた三日間だった。

そうした意味で、この変化は単に出版社だけの問題ではなく、出版産業全体に影響する。日本でも、すでに角川グループホールディングスやインプレスホールディングスなど、持ち株会社を中心とするグループ企業が登場しているが、現在の厳しい経済環境を考えても、こうしたメディア企業のグループ化と業界再編は今後、ますます進むことだろう。冒頭に書いた文芸社、ブックオフの例も、大きな意味での業界再編の一部と考えられる。

▼プロダクトアウトからマーケットインに

また、雑誌のビジネスモデルという側面からデジタル化をとらえた場合、プロダクトアウトからマーケットインへの転換という印象が強かった。要するに、作り手主導の情報発信から、利用者が求める情報を提供する方向への変化だ。

野間副社長はスピーチのなかで、デジタルをメディアとして活用するのではなく、読者サービスのツールとして活用すると発言している。雑誌「ベターホーム」などを発行するアメリカの大手メディアグループ・メレディス社の担当者も、利用者のクリック数にだけ対応していたらブランド力を維持できないのではないかとの質問に対して、「クリック数が多いコンテンツこそがブランドを強くする」と答えていた。

この雑誌ビジネスモデルの変容は、書店の役割をも変えていく可能性があるのではないだろうか。

かつてアメリカの雑誌販売は直接定期購読が中心だったが、むしろ近年は書店での店頭販売が注目されているという。また、リクルートは数年前から「MFS販売協力金」という販促費を書店に提供しているが、これは雑誌を店頭で陳列販売してもらうプロモーションコストというとらえ方だ。

書店は単に雑誌を売ってもらう場所ではなく、効果的なプロモーションを展開するための場所としてもとらえられるようになる。ネットで情報を得た顧客がいちばんアクセスしやすい場所はどこか――これが雑誌のチャンネルに求められるようになれば、顧客に雑誌がある場所として認知されている書店が重要になる。

そう考えると、デジタル化による雑誌のビジネスモデルの変容を、書店が積極的に取り込める可能性もみえてくるのではないだろうか。というよりも、書店はそのチャンネルであり続けなければ、雑誌で得てきた収益の大半を失いかねないのだ。

▼競争が激化する書店界

二〇〇八年は、過当ともいえる書店の競争が行き詰まりを見せ始めた年だ。最大規模の破綻となった明林堂書店の民事再生申請をはじめ、大手チェーン書店の店舗撤退・事業縮小・収益悪化といったニュースが相次いだ。

アルメディアの調査によると、新規店による増床は二〇〇七年に九万二千坪を超えたが、〇八年は十月までに増床が前年同期比一万三千四十坪減、逆に閉店による減床は同二千二百八十八坪増だった。増床面積が減床面積を上回る傾向はまだ続いているが、一部書店の体力低下に加え、〇九年は大型ショッピングセンターの出店も減少するとみられ、いよいよ市場収縮を反映する減床時代がやってくるかもしれない。

▼取次再編の可能性も

そうなった場合に、まず影響を受けるのは取次だ。そうした状況下で、個々の取次が従来の委託配本システムから、より効率がいい仕組みへの移行を模索し始めているが、同時に、取次の再編が起きる可能性も否定できない。二〇〇八年は、大阪屋と栗田の業務提携や日販と日教販の提携というニュースも流れた。

また、小学館は『ホームメディカ家庭医学大事典 新版』(1)でICタグを使った責任販売制を実施した。これは多くの返品を生み出している委託制度の弊害を是正し、市場拡大が見込めない時代に適した流通・取引モデルを提示しようとする試みであり、この実験的な取り組みを業界がどのように受け止めていくのかも二〇〇九年の課題の一つだ。

▼拡大する自由価格本

そのようななか、注目を集めているのが自由価格本だ。

平安堂(長野)などの有力リージョナルチェーン四社が協同出資で立ち上げたブックスビヨンドアライアンスは、中古書の取り扱いとともに、今後は自由価格本にも手を広げる計画を発表した。ここに加わっている田村書店(大阪)などは、すでに買い切り仕入れによる常設コーナーを展開している。

また、自由価格本を専門に扱う新会社を設立した取次もある。こうした動きを受けて、これまで自由価格本の出荷に消極的だった講談社も、ついにその出荷を本格化させた。

新刊書店を傘下にもったブックオフは、二〇〇八年秋から自由価格本コーナー「Bコレ!」(2)を展開している。十一月中に直営店八十店舗に導入し、〇九年春までにフランチャイズを含めて二百店舗に導入する計画を立てている。まだ、「Bコレ!」コーナーに並んでいる自由価格本は限られた出版社の本だが、もし計画が現実のものとなれば、同社は国内最大の自由価格本販売店になる。

今後、消費者の低価格志向はますます強まるとみられ、市場環境でも低価格商品へのニーズは高まるにちがいない。

『ホームメディカ』のような試みが川上から起きる一方で、市場が縮小するなかで激しい競争にさらされている書店にとっても、他店と差別化する商品の仕入れはますます重要になってくる。

注

(1) 小学館・ホームメディカ編集委員会編『ホームメディカ家庭医学大事典 新版』小学館、二〇〇八年

(2) ブックオフの自由価格本の扱いはその後、拡大しなかった。主に出版社が自由価格本の提供に積極的でなかったことが原因と考えられる。

（初出：「日販通信」二〇〇九年一月号）

3 二〇〇九年の出版産業

この原稿を書いている段階では確定していないが、二〇〇九年の書籍・雑誌販売額が二兆円を下回ることはほぼまちがいない。おそらく、各新年会でのあいさつで、そのことが話題になるだろう。二兆円という数字自体に特段の意味はないとしても、この業界が一つの峠を越えつつあるという感

覚は確かに存在する。

具体的な変化はデジタル化と再編だ。二〇〇九年には、これらの変化が一気に加速したように思われる。おそらく、多くの業界関係者も、変化が予想よりも速いと感じているのではないだろうか。

DNPによる書店グループ化の意味

出版業界で二〇〇九年最大の話題が、大日本印刷（DNP）をめぐる再編劇だったことに異論はないだろう。

すでに丸善とTRCの株式の過半を取得していたDNPは二〇〇九年三月、ジュンク堂書店も傘下に入れた。

ジュンク堂書店は、全国の主要都市に超大型店を相次いで出店してきた、成長株と目されていた書店グループである。それだけに、オーナーである工藤恭孝社長が過半数の株式を売却したことに、業界関係者から驚きの声があがった。

これに対して工藤社長は、次のように説明している。同書店グループは約百億円の預金があるが、借入金が預金を上回るようになってきた。そのため、株式を公開して資金調達をおこなう準備を進めていたところ、DNP側から出資の提案があり、従来どおり工藤社長が経営権をもつという条件で株式を売却したというのだ。

確かに、出資を受けたあともジュンク堂書店の出店の勢いは衰えず、九月にはさらに、全国に百八十六店舗（二〇〇九年八月末時点）を展開する文教堂グループホールディングスの筆頭株主になった。これによって、丸善・TRC・ジュンク堂書店・文教堂の売上高合計は二千二百億円を超え、DNPグループのシェアは、出版業界全体の一〇％を上回ることになった。

今後、丸善・TRC・ジュンク堂書店は、持ち株会社設立による経営統合を進める。まず二〇一〇年二月に丸善とTRCが共同持ち株会社を設立、三年後にはジュンク堂書店もこれに加わるという。そうなれば、ジュンク堂書店がもつ大型書店運営のノウハウ、丸善の大学向けビジネス、TRCの公共図書館向けサービスという強みが合体し、店売・外商などのさらなる展開が可能になる。すでに丸善の大学図書館向け商品のフィルムコートやバーコードラベルなどの図書装備はTRCの新座ブックナリーでおこなっていて、両社の間で人材の相互研修なども始まっている。さらに、両社は今後、仕入れ窓口の一本化なども予定していて、取引条件の改定や新たな取引制度の提案なども予想される。DNPグループがどれだけシナジーを発揮するのか、そして業界の取引制度や慣行にどのような影響を与えるのかに注目したい。

大手出版社がブックオフの株式取得

大手出版社三社とDNPグループがおこなったブックオフ・コーポレーションへの出資は、ジュンク堂書店のDNPグループ入りを上回るほどのインパクトを業界に与えた。出資した各出版社の販売部門に書店などからの問い合わせが相次いだといい、会合やパーティーで、出資出版社に対する批判や疑問が出る場面もあった。

いちばんの疑問は、「なぜ出資したのか」だ。その声の高まりを受けて、三社の幹部が、書店や取次向けの会合で出資目的を説明したが、それは、「防衛的な出資」だというものだった。

あるファンドがブックオフの創業者が保有していた約三〇％の株式を購入し、転売先を探していたので、「新刊市場を最優先に考えている我々が所持するのが最適」（講談社・森武文常務）との判断がはたらいたのだという。

出資してブックオフの経営に一定の影響力をもったうえで、著作者・出版社への還元、万引き問題、新刊販売への影響といった、懸案事項の解決を図るのが目的とされている。

おそらく、出資を決めた出版社の念頭には、ゲーム業界の先例があったのではないか。ゲーム業界では一九九〇年代の後半に、メーカーとゲーム販売業者が中古販売をめぐって壮絶な訴訟合戦を展開した。

それまでメーカーは、公正取引委員会から独禁法違反だという指摘を受けながらも、中古販売をおこなう業者への供給制限などを続けていた。メーカー側は、著作物であるゲームを権利者に無断で頒布・譲渡するのは著作権侵害だと主張したが、六年間にわたる訴訟の末、二〇〇二年に最高裁判所はメーカー側の上告をすべて棄却した。裁判所は、ゲームの頒布権は一度販売すれば消えてしまい、また、ゲームソフトは権利者が譲渡権を行使できる「映画の著作物」にはあたらないと判断したのだ。

この判決によって、出版業界も「貸与権」が認められるレンタルからは使用料を徴収できるが、権利が消えてしまう中古には手が出せなかった。

ブックオフへの出資は、全面対決の末にメーカーが敗れたゲーム業界の轍を踏まないための決断だったようにも思える。講談社・野間省伸副社長は同社百周年祝賀会で「この（出資の）機会を逃すと、業界全体の大きな失策になりかねない」と述べたが、この言葉はそれを物語っているのではないだろうか。

中古と新刊の併売が進む

現時点でも、ブックオフへの出資について疑問や否定的な意見をもつ人が多いが、一方で、今後の方向性を示すような出来事も起き始めている。

まず、業界各団体で構成するＪＰＯ（相賀昌宏代表理事）は、十月に中古図書販売研究委員会を設置した。ＪＰＯは二〇〇六年にもリサイクルブック調査研究委員会を設置したが、このときは中古書販売が新刊に与える影響を調査しただけで活動を終えている。

今回の委員会には、実際に新刊と中古書の併売をおこなっているフタバ図書（広島）、三洋堂書店（名古屋）、ワンダーコーポレーション（茨城）などの書店も加わっている。事業者団体が取引条件などを検討することは独占禁止法で禁じられているので、委員会では新刊と中古の併売を前提に協議が進んでいるとみられる。

さらに、小学館など一ツ橋グループの物流を担っている昭和図書は二〇〇九年十月、返品のなかに中古書などを混在させる不正返品について調査し、「一冊もみられなかった」との結果を発表した。中古併売の弊害としてあげられていた不正返品について、こうした客観的なデータが示されたのは初めてのことだ。

生き残りのために中古併売を手がける新刊書店が徐々に増えるなかで、体制を整えていくための検討が始まっているということだろう。

雑誌のデジタル化に向けた取り組みが本格化

出版物のデジタル化の動きも、この一年あまりで一気に進んだ。雑協は、二〇〇八年秋に国際雑誌連合と共催で開いた「第一回アジア太平洋デジタル雑誌国際会議」を契機に、デジタル化を検討する委員会を発足した。この委員会は総務省のサイバー特区に採択された雑誌のデジタル配信実証実験をおこなうため、通信業者やＩＴベンチャー、電子機器メーカーなどに呼びかけて「雑誌コンテンツデジタル推進コンソーシアム」を結成した。

参加出版社は五十社、パートナー企業は四十四社に達し、実験にコンテンツを提供する雑誌は百誌を超える。雑誌コンテンツをさまざまな形で配信する実験や有料課金モデルの模索、著作者との契約整備など、次年度に向けて検討と実験を継続していく予定だ。

ただ現時点では、この検討のなかに書店などの既存流通を絡める気配はない。雑誌の需要減退という構造的な問題に加え、広告激減という目前に迫った危機に背中を押された雑誌出版社が、生き残りをかけてデジタルビジネスに向けて走り始めたといえるだろう。

Google と国立国会図書館

一方、書籍のデジタル化についても大きな進展があった。それは、Google ブック検索の訴訟問題と、国立国会図書館の蔵書デジタル化の動きだ（本書第4章第1節「電子書籍元年とは何だったのか」を参照）。

国立国会図書館について補足すると、二〇〇九年はじめの段階では、書協などとの実務者レベルでの協議によって、同図書館の電子化は対象を雑誌に限り、館内での利用にとどめるなど、限定的に進められることになっていたが、春以降の議論のなかで、将来的には電子化された資料を国民がいながらにして利用できるようにするためのスキーム作りに向けた検討をおこなう日本書籍検索制度（ジャパン・ブックサーチ）協議会(1)の発足が決まった。

徹底的な顧客主義から生まれた「Kindle」

もう一つ、電子化された活字コンテンツを読むためのデバイスについては、アマゾンの「Kindle」が十月に日本からも購入できるようになった。これは、世界でも初めて消費者に受け入れられた読書専用端末である。実際に手にしてみると、確かに何か読んでみようという気にさせられる端末だ。これまで、日本でも複数の電子読書端末が提案されたが、ことごとく姿を消している。アマゾンは「Kindle」が受け入れられた理由として、徹底的に読書に特化した機能に絞り、誰でも簡単に操作でき、どこからでもコンテンツを一分程度でダウンロードできるというシンプルさをあげる。アメリカの利用者の多くが四十代から六十代というのも、これを裏づけている。

もう一つの理由として、発売時点でベストセラーを含めた書籍九万タイトルがそろい、「ニューヨークタイムズ」「ワシントンポスト」といった主要新聞を定期購読で毎日自動ダウンロードできるという、コンテンツの豊富さがあったという。現在、その数は三十八万タイトルに増えている。日本語対応について、同社は「技術的にはすぐに可能だが、日本ではコンテンツがそろっていない」としている。

「Kindle」が受け入れられた理由は、利用者側からみれば当たり前のことばかりだ。かつて日本で消えていったデバイスの多くが、出版社が在庫をもたずにすむとか、流通コストがかからないという、主に業界側のメリットに基づくものだった。「Kindle」はそれらと比べると実に対照的だ。

まさに「Kindle」は、書籍小売業者が電子本を売るために作ったデバイスなのだ。ここでも、同社の徹底的な顧客主体のビジネスモデルが生きているといえるだろう。

電子化に向けた流れのなかで

「Kindle」の日本発売時期は、販売できるコンテンツ、すなわち電子的に提供される出版物の増え方次第ということになりそうだが、この成功に刺激され、世界のメーカーが電子読書端末の開発・販売に力を入れている。日本ではこの市場から撤退したソニーも、アメリカでは「ソニーリーダー」で市場を拡大しているし、隣の韓国でも二〇〇九年、サムソン電子などが電子ペーパーを使った電子読書端末を発売した。

日本での書籍の電子化はようやく本格的な検討が始まる段階だが、一定の需要があって、電子的に提供するインフラが整い、書籍の制作工程で電子媒体も容易に作ることができる体制が整えば、急速に進展することが予想される。

また、デジタル化への流れでは、出版社の再編淘汰が加速する可能性も高まる。特に雑誌に基盤をおいてきた出版社のほとんどは、広告収入の激減に伴って版権事業やデジタルビジネスに活路を見いだそうとしているが、こうした新たな事業を軌道に乗せるためには、相当な投資とノウハウが必要になる。さらには、これまで広告で得てきたような大きな利益を得られるかどうかも不透明だ。

そうなれば、必然的に他企業との業務提携や業務委託、さらには協業やグループ化といった動きが増えてくる。二〇〇九年、秋田書店や光文社が講談社と海外版権事業で提携したのも、そうした動きの一つとみることができる。

コンテンツのデジタル化の流れが今後、ますます加速することはまちがいないし、それに伴って業界再編もさらに進むだろう。そんななかで、書店はどうするのか。出版社自身が生き残りのために走り始めている以上、書店も環境の変化と顧客のニーズに目をこらし、自らの道を切り開いていかざるをえないだろう。

注

（1）国立国会図書館と日本文藝家協会、書協、松田政行弁護士（森・濱田・松本法律事務所）が立ち上げた「日本書籍検索制度」は当初予定していた提言発表が大幅に遅れ、実際の検討は総務省・経産省・文科省による「デジタル・ネットワーク社会における出版物の利活用の推進に関する懇談会」や各省での協議に移っていった。

（初出：「日販通信」二〇一〇年一月号）

4　二〇一〇年の出版産業

二〇一〇年の出版業界は「電子書籍」一色のような一年だった。業界メディアだけでなく、一般の新聞やテレビ、雑誌にも「電子書籍元年」という言葉が頻繁に登場し、あたかもここ一、二年で本のありかたがまったく変わってしまうのではないかと、将来に懸念や不安を抱いた人々も多かったのではないだろうか。

確かに将来のことを正確に見通すのは難しく、十年五十年と遠くなるほど、それはさらに困難になる。だが少なくとも、現状を正しく把握し、それぞれの立場で、いままでの経験に照らして自ら進むべき方向性を定めることはできると思う。本節ではそうした判断の材料となるよう、現在起きている事象をなるべく長期的視点に立って客観的に分析し、情報を整理したい。

二〇一〇年五月に日本でも発売されたアップル社のタブレット型パソコン「iPad」をはじめ、電子端末や電子書籍配信プラットフォームが相次いで発表された。しかしながら、実際の出版業界をみると、日本で電子書籍を継続的に発行している出版社はまだほとんどなく、読書端末も、十二月になってソニーの「リーダー」がようやく市場へ投入された段階だ。少なくとも、一〇年に出版業界、いや日本のメディア社会を席巻した〝電子書籍ブーム〟は、まだ実態を伴ってはいないのだ。

では、この電子書籍騒動は単なる空騒ぎなのかといえば、それも違う。電子出版の流れはすでに二十年以上前から始まっているが、それは最近いわれるような、すぐに紙の本がすべて電子になってしまうといった、極端で短期的な現象ではない。もっと大きなスパンで、「グーテンベルク以来の大変革」といわれるような、メディアの産業構造そのものを転換させるような動きなのだ。そして二〇一〇年が、日本でその変化に向けた準備が急速に進んだ年だったことは確かだ。

調整と準備の年

二〇〇九年の春に出版業界を震撼させたグーグルブック検索訴訟和解問題や、国立国会図書館の電子化問題、さらにアマゾンの「Kindle」やアップルの「iPad」などの端末の発売といった流れを受けて、一〇年は準備と調整の年だったといえる。

三月には、総務省・文科省・経産省の各副大臣と政務次官の共催による「デジタルネットワーク社会における出版物の利活用の推進に関する懇談会」（略称＝三省デジ懇）、すなわち政府主導による利害調整の場が設定され、大手出版社の経営者はもとより、作家、書店、印刷会社、通信会社、電子機器メーカーなど、何らかの形で電子出版に関わる可能性を有する関係者が一堂に会し、電子出版を進めていくうえでの課題を抽出した報告書をまとめた。

報告書はＡ４判で七十ページに及び、電子出版を進めるうえで考えられる課題をほぼ網羅したといってもいい。重要な項目としては、電子書籍を制作する場合のファイルフォーマットの規格化の問題、電子化する場合の著作権処理の仕組み、書籍が電子化された場合の図書館など公共サービスのありかたなどがある。これを受けて、三省は秋から冬にかけて、各課題について具体的な検討をおこなうための取り組みを開始した。
また、印刷業界で世界第一位と第二位である大日本印刷と凸版印刷が中心となって、電子出版制作・流通協議会が結成された。両社が手を結ぶのは創業以来初のことといわれたが、そこには、電子化の流れのなかで主体的役割を果たさなければならないという、印刷業界の強い思いが表れている。

出版社の多くは印刷会社に出版物の組版から印刷までを外注しているが、現在の印刷工程は、紙の冊子を印刷・製本する最終段階を除けば、ほぼすべて電子化されている。そうしたなかで、出版社が関わる校正作業などは、校正用紙をプリントアウトして、活版印刷時代と同じように赤ペンで修正を書き込んでいる。要するに、印刷会社が最終工程で電子書籍を制作する体制を整えれば、出版社は活版時代の仕事のままで、電子書籍を作成できるようになるのだ。

自社で制作工程をもつのが難しい中小規模の出版社が圧倒的に多いなかで、印刷会社が電子出版物の制作体制を整えることは大きな意味をもっている。

さらに、出版社の団体は、電子出版をおこなう場合の著作者との契約を整備した。雑協は、雑誌に掲載した記事や写真などを一定期間、自由に電子媒体などで利用できるようにする「デジタル雑誌配信権利処理ガイドライン」を著作者団体との間で合意した。また書協は、電子出版の許諾を盛り込んだ「出版契約書ヒナ型」を作成している。これらによって、電子出版物を出すために改めて契約を結び直すといった煩雑さが緩和され、出版社がより積極的に電子出版に取り組むことが可能になる。

市場の反応は未知数

こうして、二〇一〇年の年末から翌春にかけて、これまでに発表された配信サービスが相次いでスタートし、十二月にはソニーの「リーダー」が発売され、シャープの「GALAPAGOS」などの端末も登場した。そういう意味では、この一年から二年で電子書籍の制作・販売の体制が一気に整い、供給量が増えることはまちがいない。

ただし、出版社はほとんどの売り上げを紙媒体から得ているので、その市場にマイナスの影響を与えるような形で電子出版を進めるとは考えにくく、特に大手出版社は影響の度合いが確認できないかぎり、慎重に商品を供給するところがほとんどだろう。

また、市場がどの程度反応するのかも、いまの段階では未知数だ。少なくとも、紙の出版物の販売に影響を与えるほどに市場が拡大するのは、これまでの電子辞書やカーナビのように、紙にはない新しい価値を提示できるジャンルに限られるだろうし、出版社が慎重になっている以上、電子書籍が次々に登場し、急激に市場を拡大するとは考えにくい。それなりの市場が形成されるまでには、まだしばらく試行錯誤が続くと思われる。

大学図書館の電子化は進展する

それよりも、出版業界として注意すべきなのは、図書館や学校市場といったB to B（事業者間取引）である。この分野は国や自治体が決めれば、利用者のニーズとは関係なく導入が進むからだ。

特に大学図書館では、すでに海外の学術雑誌のほとんどが「電子ジャーナル」で提供されている。研究者にとっての「本」とは、研究して論文を執筆するための道具なので、検索ができ、引用が元論文にリンクされているような電子雑誌・書籍はきわめて便利だ（本書第4章第3節「日本ではなぜ学術書の電子化が進まないのか」を参照）。

日本の大学では、まだそれほど電子書籍の導入が進んでいないが、それはこれまで日本語書籍の電子化がほとんどなされていなかったためであり、今後、電子化が進むのに伴って、導入が増えることはまちがいない。

すでに紀伊國屋書店は、二〇〇七年からアメリカの電子図書館サービス「NetLibrary」を提供しているし、一〇年十月には大日本印刷グループのＣＨＩグループも電子図書館サービスを開始した。大学へのパイプが太い丸善と公共図書館でシェアが高いＴＲＣが参入することで、大学と公共図書館での電子図書館サービス導入の拡大も予想される。

そうなった場合、これまで図書館に図書を納入してきた書店が対応できるかどうかが問われる。中小書店が電子図書館システムを扱うのは無理だとしても、少なくとも電子書籍の納入については、地元の書店で対応できるようにしなければならない。そのためには、書店を支えてきた取次や書店組合が、積極的に電子書籍の取り扱いを考える必要があるだろう。

教科書のデジタル化にも注意

また今後は、学校教科書のデジタル化への対応も必要になるだろう。原口一博は総務大臣だった時期に、二〇一五年までにすべての小中学校にデジタル教科書を導入するビジョンを示していたし、ソフトバンクの孫正義社長も教科書のデジタル化を推進する発言を繰り返し、センセーショナルな話題となった。一方で、すでにここ十年ほどで電子黒板をはじめとする「指導者用デジタル教科書」が徐々に普及しているし、教材などの電子化は今後さらに進むと考えられる。

二〇一〇年春には文科省が「学校教育の情報化に関する懇談会」を開催し、一一年度から実証研究を開始するビジョンの骨子をまとめた。その検討では、教育関係者から、学習用デジタル教科書の早急な導入に対する慎重な姿勢が示されたが、その方向性自体を否定するものではなかった。おそらく、社会全体のデジタル化の進展に伴って、教育現場のデジタル化が進むことは否定しようがないだろうし、今後、政府が積極的に推進することも考えられる。

その場合、少なくとも書店業界としては、教科書がデジタル化された際の教科書供給ルートへの影響、すなわち書店経営への打撃を政府などの検討の場に伝え、政策に反映させる努力が必要だろう。さらに、書店として新たにどのような役割を担えるかの模索も必要となるだろう。

●書籍市場の需給調査が本格化

電子書籍ばかりが注目を集めていた二〇一〇年だが、リアルな世界でも大きな転換を示す出来事があった。これまで年間七万点以上と高止まりしてきた新刊点数が減少に転じたのだ。

出版科学研究所の一月から十月のデータをみると、新刊点数は前年同期間よりも四・六％減、新刊の推定発行部数は同五・五％減、注文品も含めた出回り部数も四・八％減と、いずれの指標もマイナスになった。これに伴って、この期間の返品率は三九・三%となり、こちらも一・四%減った。その原因は、取次各社が返品減少のためのさまざまな施策に取り組んでいて、出版社が生産量を抑制し始めていることにあると思われるが、産業全体としてみれば、需要と供給のバランスをとるための調整が本格化したといえる。

日販によると、二〇〇九年に取引書店での仕入れと在庫の予算管理をおこなう「仕入れ在庫管理」を進めたところ、店頭で必要な量よりも配本量が多くなっていたため、新刊委託の量を削減する供給コントロールを実施したという。その結果、同社の上半期決算で書店ルートの返品率は三・五ポイント減少したが、売り上げは〇・三%の微減にとどまったという。

今後、国内出版市場の拡大は予想しにくいので、企業は需給のバランスをとって返品率を下げ、利益を確保する方向を模索せざるをえない。これは必然的に縮小均衡をめざすことになり、各企業は縮小する市場のなかでシェアを確保もしくは拡大するために、これまで以上に厳しい競争にさらされるだろう。

供給量が減っていくなかで、書店はどのように市場(自店の顧客)が求める商品を確保・提供していけるのかが問われることになる。そこでは取次からの配本だけに頼るのではなく、自分の才覚での仕入れが必要になる。

「近刊情報」の整備が仕入れのツールに

こうした取引・流通システムの見直しが進むなかで、書店や出版社が、これから出る書籍の情報

=「近刊情報」を仕入れや販売促進に生かそうとする動きが始まっている。

日本では、オンライン書店によって、読者から未刊本の予約をとるサービスが本格化したが、通常の書店は、予約をとったとしても確実に顧客に渡せるかどうか保証できないため、これまで予約販売をあまりおこなってこなかった。

しかし、紀伊國屋書店は二〇一〇年六月から、出版社が「近刊情報」を登録できる「パブラインアシスト」というサービスを始め、同時に、自社のオンライン販売サイト「BookWeb」や店頭で近刊の予約販売を開始した。この背景には、「オンライン書店は予約で勝負をつけている」という事情があるようだ。オンライン書店の場合、多くの本を予約販売していて、この予約状況から初回の仕入れ部数を判断できる。しかも、予約という裏づけがあれば、出版社も優先的に人気商品を供給することになる。

同書店のほか、全国の大学で本を販売している大学生協書籍部も、十一月から出版社が「近刊情報」を登録できるウェブサイトを開設した。近年は書籍全体の制作部数や取次による送品量が減少しているので、「その大学の教員が書いた本など必要な専門書でも、黙っていると一冊の配本もない店が結構ある」という。そのため、専門書の「近刊情報」を収集して、各店舗が事前注文できる体制を作ろうとしているのだ。

さらに、こうした動きを業界レベルでサポートする「近刊情報センター」構築に向けた準備が進んでいる。書協・雑協・取協・日書連・日図協（日本図書館協会）といった業界団体がつくったJPOは、二〇一一年四月の開設をめざして「近刊情報センター」の実験を始めている。このセンターができれば、出版社が登録した情報を、取次や書店が無料で利用できるようになる。

そうなれば、これまでのように書店が「いつ何がくるのかわからない」という状況に風穴があくだろう。書店が予約販売に挑戦したり、自ら事前に商品を確保する攻めの仕入れをおこなうことも可能になる。

難しい時代だからこそ可能性も

ただし、「近刊情報センター」は近刊情報を無料で提供してくれるが、注文した本の入手を保証してくれるわけではない。あくまでも電気・ガス・水道のような、文字どおりの「インフラストラクチャ（社会基盤）」なのだ。

例えば食堂なら、水道やガス・電気を引けたら、自分で食材を仕入れに行き、料理を作って、ほかの店との差別化を図るのが当然だ。書店も情報が手に入る以上、それをどのように生かすかが勝負になる。もちろん、そうした小売店をサポートするのが取次にとってのサービスになるが、それを選択して利用するのは書店側でなければならない。

そういう意味で、書店にとっては（もちろん取次、出版社にとっても）、旧来のシステムを残しながらも新しい方法を模索しなければならない難しい時期だが、だからこそ、これまでにない可能性が開ける時代だともいえる。いや、そういう時代だと考えれば、いたるところに可能性があるといってもいいだろう。

現実に、いまでも多くの人を集めている書店があるし、電子化時代だからこそ魅力的な店舗を作り、他店にはないイベントなどで地域での存在感を強めようとしている地域書店もある。〝電子書籍〟の影におびえているよりも、やるべきことはまだまだたくさんあると思う。

（初出：「日販通信」二〇一一年一月号）

5　二〇一一年の出版産業

二〇一一年は東日本大震災を抜きに語ることはできない。直接大きな被害を受けた東北諸県はもちろんのこと、日本全土に大きな痛手を残した、少なくとも戦後最大の自然災害だった。震災については さまざまな場で記録や検証が進められていて、今後も報告の機会があると思うので、ここでは書店業の今後に関わることに触れたい。

●電子書籍元年とは何だったのか

二〇一〇年の〝電子書籍元年〟と呼ばれた騒ぎは、震災によって若干停滞した感もあったが、確実に続行している。特に、年末は一般紙でもアマゾンの電子書籍端末「Kindle」発売に向けた動きが大々的に報じられるなど、新たな段階に進みつつあることはまちがいない。

インターネット総合研究所の調査によると、日本の電子書籍市場は二〇一〇年で前年比一三・二％増の六百五十億円だ。ただこの段階でも、九割近くは携帯向けコミックやＢＬ小説などが占め、しかもこの分野の成長も限界が見え始めている。

そんななかで、二〇一〇年から一一年にかけてサービスを開始した電子書籍販売事業の多くは苦戦が伝えられている。その理由はハッキリしている。要は売るべき商品(電子書籍)がないのだ。二〇一一年末時点でも、主要出版社が提供できる電子書籍のアイテム数は、ケータイ向けのコミック・小説などを除けば三万点から五万点あまりにとどまる。現在、取次・書店ルートで提供可能な書籍の稼働点数は約八十万点といわれているが、それに比べると、どれほど少ないかがわかる。さらに、新刊書籍を定期的に電子書籍化できる出版社は皆無に等しい。十一月から、岩波書店が岩波新書とジュニア新書の新刊(といっても二カ月ほど遅れて)を数タイトルずつ、毎月定期的に配信し始めたという程度だ。商品、特に新刊書がほとんど供給されないとすれば、書店の経営など成り立たないことは誰でも理解できるだろう。

アメリカの書籍市場と電子書籍

では、電子書籍の動向は無視してもいいのかというと、そんなことはない。以前からこのレポートでも書いてきたことだが、文字情報の電子化は確実に進行していくことであり、リアル書店としては、正しい情報に基づく危機感を常にもち続け、環境の変化に応じて事業内容を見直し続ける必要がある。そういう意味で、電子書籍の流れが最も進んでいるアメリカの状況は先行指標の一つとなるが、そのアメリカで気になるデータが出始めている。

アメリカの二〇一一年上半期の書籍市場は、アメリカ書籍協会(AAP)の集計によると、前年同期比二二・九%減と大幅なマイナスになった。特に日本でいうと文庫にあたるマスマーケットペーパーバックが二六・六%減など、手軽なペーパーバックが二八・五%減、並製本にあたるトレードペーパーバックが二六・六%減など、手軽な書籍ほどマイナス幅が大きい。

AAPの加盟出版社は文芸書などを中心とする大手出版社に限られ、この統計も七社から十六社という少数の出版社（とはいっても、それぞれが多くの「インプリント」出版社を抱えるグループ企業だが）のデータに基づいているので、多少偏りがあるかもしれないが、書店の販売データを集計しているニールセンの「ブックスキャン」のデータでも、書籍全体で販売数が約一〇%減、特にロマンス、ミステリー、SFを中心としたフィクション分野は二〇%以上減少したという報告がある。

二〇一一年上半期のアメリカでは、四百店舗を展開する業界二位の大手書店ボーダーズが倒産したので、当然その影響があるのだろう。ただ、ボーダーズの書籍市場でのシェアは八%程度といわれていて、しかも、フィクション分野はアマゾンの「Kindle」で電子書籍がよく購入されていることを考えると、紙の市場に電子の影響が出始めているとみてまちがいない。

この状況にどれだけ電子書籍が影響しているのかについては、さらに詳細な分析が必要だが、本当にこれだけ急激なマイナスが続くとすれば、正直いって筆者の予想を超えるスピードだ。

日本とアメリカは違うのか

はたして、日本でも同様の事態になるのだろうか。

基本的にアメリカで起きたことは、時期や程度の問題を別にすれば、日本でも起きると思われる。

一部には〝日本にはアメリカと比べて多く書店があるため、わざわざ電子書籍は買わない〟という見方もあるが、二〇〇〇年にアマゾンが日本に参入した際にも同様の言説をよく耳にした。その結果、どうなったかは明らかだ。

デジタル化は技術革新（イノベーション）であり、民族や言語とは関係なく進む。例えば、雨が降らない砂漠の国で雨傘は売れないかもしれないが、自動車が発明されれば、どんなに国土が狭くても、馬車や駕籠が移動の主要手段であり続けることはできないのだ。

もちろん、電子化が進むスピードや規模は、震源地のアメリカとは違うだろう。先に述べたように、日本では新刊を電子書籍で供給する体制を整えている出版社はまだほとんどない。すでに九〇%以上の新刊を刊行と同時かそれ以前に電子版で発売できるアメリカの主要出版社と比べると、彼我の差はきわめて大きい。

また、おそらく当面（世代レベルでの時間軸で）「紙の本」がなくなることはないだろう。ただし量が減ることはまちがいないし、少なくとも、先行指標となる国でこうした状況が進行していることを注視しておく必要はある。

●書店に注目が集まる

そんな電子化の話題が目立つ一方で、二〇一一年はこれまでになく書店に注目が集まった年だったとも思う。

マガジンハウスの「BRUTUS」や太田出版の「ケトル」など、一般雑誌でも書店特集が組まれ、エクスナレッジは、欧米の書店を写真と文章で紹介する『世界の夢の本屋さん』(1)を刊行した。これらの出版物は、電子書籍が話題になるなかで、本好きな編集者が改めて書店の魅力を問い直したいという思いを込めた企画かもしれない。

こうした出版業界内部からの動きに応じるように、経産省は「平成二十二年度書籍等デジタル化推進事業」の一つに、「書店を通じた電子出版と紙の出版物のシナジー効果の発揮」を加え、JPOなどが提案したFBFを採択した。

この事業は二〇一一年来、総務省・経産省・文科省が中心になって推進している電子書籍市場の活性化事業の一環と位置づけられるが、既存の書店がどのような将来展望を描きうるかについて、デジタル技術との連動だけでなく、取引制度の改革や書店サービスの見直しをも対象に、消費者調査、海外調査の結果もふまえて、既存の仕組みにとらわれない検討をおこなうプロジェクトだ。最終的な報告書は二〇一二年三月以降に公開される見込みだが、この動きも社会が書店の行く末に関心を抱いていることの表れだ。

雑誌の書店特集などでも指摘される書店の機能の一つに、「未知の本との出会い」「想定外の出会い」がある。ある本を買おうと書店に入ったのに、別の本に興味をもって買ってしまうという機能であり、この偶然の出会いの場という特質は、いまのところリアル書店しかもっていない。

そして、こうした魅力的な出会いのためには、選ばれた商品が何らかの意図をもって陳列されていなければならない。棚の本の配列、平積みやPOPなどによるアクセントが、思わぬ出会いにつながるのだ。オンライン書店や電子書籍との対比で、そんな書店の機能が改めて浮かび上がっているように思う。

ネットやデジタルが得意な「検索」や「速度」をリアル書店が追求してもかなわない。ならば、リアルならではの強みを追求するという意味で、この「偶然の出会い」という特質を強化していくことが、今後の書店業のありかたの一つのように思われるし、何よりも本好きな顧客が望むものだろう。

ただし、そうした空間として書店をより魅力的にしていくためには、店頭で日々顧客と接する書店人が本を選んで仕入れなければならず、また、そのような業務をこなせる人材を確保しなければならない。そのためには、これまでの「見計らい配本」を基本とする本の供給システムを見直し、書店の収益構造を改善する必要がある。

こうした改革は、雑誌市場の縮小によって、すでに日販を筆頭とする取次各社が推し進めている。だがそれと同時に、これからの時代に備えていくためには、書店も自ら主体になって実現しなければならない課題なのだ。

電子書籍が拡大するアメリカで、書店人は今後の行く末をどのようにみているのだろうか。二〇一〇年『ルポ　電子書籍大国アメリカ』(2)を刊行し、『世界の夢の本屋さん』でもアメリカ部分の取材を担当した大原ケイによれば、「アメリカの独立系書店はこれまでも超大手書店や「Amazon」などと競争を続けてきたので、「また一つ敵が現れたな」ぐらいの感覚」だそうだ。しかもアメリカでは、〇五年からこれまでに四百店の独立系書店が創業したという報告もある。

書店にとっての環境はますます厳しくなっていきそうだが、変化を見極めながら、客にとって魅力的な場であり続けようとすれば、存在感を示していくことができるだろう。社会が書店に注目している背景には、そうした期待があると思う。

注

(1)『世界の夢の本屋さん』エクスナレッジ、二〇一一年

(2) 大原ケイ『ルポ 電子書籍大国アメリカ』(アスキー新書)、アスキー・メディアワークス、二〇一〇年

(初出:「日販通信」二〇一二年一月号)

6 二〇一二年の出版産業

「電子書籍元年」と呼ばれた二〇一〇年から二年たった。一二年、アマゾンなど主要なプレイヤーがサービスを開始し、日本の電子書籍市場はいよいよ黎明期から成立期に入ろうとしている。そんななかで、書店でもこの流れを取り込もうとする動きや、リアル店舗の魅力を際立たせようという取り組みが本格化している。そのような変化と、それに対応する動きをまとめてみたい。

電子書籍の供給体制整う

二〇一〇年からほぼ二年をかけて、日本の出版業界は電子書籍への対応の準備を進め、ようやく

市場を立ち上げるための体制が整い始めたのが一二年から一三年にかけてだといえる。

まず、市場立ち上げのためにぜひとも必要とされていたのが、電子書籍供給体制の確立だった。どれだけ優れた配信や課金の仕組みができても、売るべき商品が貧弱であれば、市場は成立しないからだ。

二〇一〇年の時点で、日本で手に入る電子書籍の数は、携帯電話向けのケータイコミックなどを除けば三万点から五万点程度とみられ、年間七万点以上の新刊が刊行される紙の書籍に比べると、きわめて少数だった。しかもその多くは刊行から時間がたったものであり、新刊書籍の電子化はほとんど進んでいなかった。

しかし、状況は変わりつつある。電子書籍への取り組みを積極的に進めている講談社は、二〇一二年十月から、紙版の発売から約一カ月遅れで文庫の電子版を定期的に発行し始めた。さらに年末にかけて、図版が多用されているなど一部の書籍を除き、各編集部門やレーベルごとに、文庫と同様の電子版発行の体制を整えている。

同社は、コミックなどを除いた文字系の書籍を年間約千八百点刊行しているが、二〇一二年十二月には、このうちほぼ半数を一カ月後に電子版で発行する体制が整う。

また、中堅の書籍出版社である早川書房は二〇一二年十月の新刊から、著作権者の許諾が得られた作品について、刊行翌月の電子配信を始めた。同時に、フィリップ・K・ディック、ジョージ・オーウェルなどのSF・ミステリーの名作を電子化する「ハヤカワSF・ミステリ ebook セレクション」を開始するなど、一三年末には千点を超える刊行物を電子化し、一四年からはすべての新刊の電子配信を可能にする体制を整えるという。

こうした積極的な例は全体からみればまだ少数だが、今後も電子化は確実に進んでいくだろう。そして、これらの出版社の取り組みによって、取引先の印刷会社でも紙版と電子版を同時に制作するサイマル出版のサービスが可能になり、それがほかの多くの出版社の電子版制作を促すことにつながる。

さらに、電子書籍配信も手がける紀伊國屋書店は、このほど、出版社に対する販売データ提供サービス「PubLine」で、電子書籍の販売データの開示を始めた。対象は同書店に電子書籍を提供する出版社に限られるが、出版社は自社の電子書籍の売れ行きだけでなく、このサービスで他社の電子書籍の販売実数をも確認することができる。

同書店の高井昌史社長は二〇一二年八月期の決算発表で、電子書籍の売上高が月間八千万円に達したと発表した。おそらく、「PubLine」によって、多くの出版社が、電子書籍が「意外に売れている」事実を目の当たりにしたことだろう。

●各配信サービスがスタート

また二〇一二年は、主要な電子書籍配信サービスがスタートした年でもあった。

まず七月に、楽天が電子書籍端末「Kobo（コボ）」の発売と配信事業の開始を発表した。「Kobo」はカナダのKobo社が運営する電子書籍事業だが、楽天は約二百三十六億円でKobo社を買収してこの事業に参入した。発表直後に開かれた国際電子出版EXPO（東京国際ブックフェアとの併催イベント）のシンポジウムでは楽天の三木谷浩史社長と講談社の野間省伸社長が登壇し、楽天は国内勢として、アマゾン、グーグル、アップルなどアメリカ勢に対抗する期待を背負っているとアピールした。

「Kobo」が衝撃的だったのは、それまで一、二万円の水準だった電子書籍専用端末の価格を一気に七千九百八十円に引き下げたことである。端末の販売で採算をとるのではなく、普及を優先する戦略だ。この戦略は、すでに同様の端末を投入していたソニーなど電子機器メーカーよりも徹底したものだった。

続いて十月には、かねて注目されてきたアマゾンが「Kindle」のサービスを開始した。これまでアメリカ、イギリスなどで成功させてきた電子書籍ビジネスを、いよいよ日本でも始めたのだ。契約締結の遅れで、岩波書店をはじめ、いくつかの主要出版社の電子書籍は発売できていないが、やはりその存在感は大きい。

アマゾンは端末に先立って、スマートフォンやタブレットで同社の電子書籍を読むことができるアプリの提供を始めたが、その時点で既存の電子書籍配信サービスを上回る売り上げになり、複数の出版関係者から驚きの声が聞こえてきたほどだ。

また、対出版社という面でも、アマゾンの大きな影響力は侮れない。同社は従来の書籍販売事業のなかで、出版社を貢献度によって「プレミア」「ゴールド」「シルバー」「ベーシック」とランク分けし、このランクに応じてさまざまな販促サービスを提供しているが、ランク分けの指標には、出荷金額、貢献利益、平均仕入れ掛け率、販売報奨額、在庫あり率などとともに、「Kindle 参加率」もあげられているからだ。

こうした新しいプレイヤーが参入するなかで、かねてから電子書籍事業を展開してきた紀伊國屋書店は、書店店頭と連動した電子書籍販売の基盤整備を進めている。

同社は電子書籍閲覧アプリ「Kinoppy」と電子書籍配信サイト「BookWebPlus」によって、端末を限定しない「マルチデバイス対応」による配信事業をおこなっているが、二〇一二年には、同書店の会員であれば全国の店舗で無料で使える無線LANサービスの導入も始めた。またあわせて、店頭検索機で電子書籍版の有無を表示するようにして、店頭で顧客が電子書籍を購入できる環境を整備している。

先に述べたように、紀伊國屋書店の電子書籍販売額は一定規模に拡大していて、高井社長が「紙の落ち込みを電子書籍でカバーしたい」というほど、同社はこの事業に本腰を入れている。

また、凸版印刷傘下で電子書籍配信を手がけているBookLiveは、三省堂書店と提携して、十二月十日に電子書籍端末「Lideo（リディオ）」を発売した。

BookLiveは、これまで本を読んできた人々に電子書籍を提供するため、端末を主に書店で販売し、その端末で購入された電子書籍の売り上げの一部を書店に還元するビジネスモデルも構築している。あわせて、クレジットカードなしで決済ができるように、店頭でプリペイドカードを販売している。

同社では今後、三省堂書店以外の書店にも販路を拡大していく方針であり、書店を通した電子書籍販売の試みとして注目される。

電子書籍の影響を注視

このように配信事業者がサービスを開始し、出版社の電子書籍供給体制が整ったことで、二〇一三年には電子書籍市場が本格的に拡大し始めると思われる。

アメリカでは、二〇一一年に電子書籍が紙の書籍の売り上げの二割程度まで拡大し、ロマンス、ミステリー、クライムストーリーといったエンターテインメント系のペーパーバックに大きな影響が表れ始めたという。

そういう意味では、ただでさえマイナス基調にある日本の書籍市場に、どのような規模とスピードで電子書籍の影響が表れるのかが気になる。この現実に対して、出版社・取次・書店はそれぞれが提供できる価値を改めて見つめ直し、変化をチャンスとして生かしていかなければならないだろう。

電子時代に対応する書店の試み

本節では、環境の変化に対して新しい取り組みを進めている書店の事例と、電子書籍を書店の事業として取り込もうとする動きを紹介したい。

二〇一一年末に開店したカルチャー・コンビニエンス・クラブ（以下、CCCと略記）の「代官山蔦屋書店」は、かつてのビデオレンタル店のイメージが強いTSUTAYAとはまったく異なり、「プレミアムエイジ」と呼ばれる六十代から七十代以上の熟年層を対象とする店舗だ。

ここには、高齢化する人口構成への対応と、音楽・映像などメディアコンテンツがデジタル化されていくことへの対応という、二つの方向性がうかがえる。音楽はジャズやクラシックなどの品揃えを豊富にし、専門的な店員「コンシェルジュ」を配置した。書籍は、古書も含めて担当者の個性を生かした品揃えをしている。こういう店舗なら、電子配信が拡大する時代でも、単にコンテンツを買う以上の価値を顧客に提供することができ、来店を促進できるという考え方だ。

また、CCCのフランチャイズで大型店を相次いで出店しているトップカルチャー（新潟市）は、千坪から二千坪の巨大店舗に書籍・雑誌、文具、雑貨、生活用品、CD・DVDなど豊富な商材を展開し、やはり「ネットの限界を超えた店」（清水秀雄社長）をめざしている。

一方、こうした店舗とは逆に、小規模で低予算の「街の本屋」を開店したのが、すでに紹介した本屋B&B（東京・世田谷区）だ。売り場面積は三十坪弱。ブックコーディネーターの内沼晋太郎と、博報堂ケトルの代表を務める嶋浩一郎が「これからの街の本屋をめざす」という目標を掲げ、新たな試みとして、経営を維持するためのさまざまな工夫をこらしている。

規模は違うが、代官山蔦屋書店などがめざす、リアルな空間ならではの魅力や価値を提供しようとする姿勢は共通しているといえるだろう。電子化や雑誌市場の縮小という環境変化のなかで、書店という事業を継続させていこうとする試みが、業界の内外で始まっている。

書店で電子書籍が売れるのか

書店で電子書籍を販売する試みは、これまでみてきたように、紀伊國屋書店や三省堂書店

（BookLive）で始まっているが、各企業での取り組みとは別に、経産省の委託事業FBFでも、書店での電子書籍の販売についての検討が始まった。FBFは新たなサブワーキンググループを立ち上げて、書店関係者を中心にしたメンバーが一三年春までに具体的なスキームを検討し、二〇一三年度に実証実験をおこなう予定だ。

ここで設定されているテーマは、まず書店に利益還元するための仕組みの構築、そして利用者が電子書籍を書店で購入するメリットの追求である。特にメリットをみつけるのは至難の業かもしれないが、「Lideo」の予約を開始した三省堂書店には、「コンピューターを使わなくても電子書籍が買えるのか」といった質問が多く寄せられたし、何人かの書店人から、「電子書籍はないのか」という問い合わせを店頭で受けたという話も聞いた。

電子書籍市場が確立する前に、こうした顧客をつなぎ止め、「電子書籍は書店で買うもの」というイメージを一般化できないか――これが、検討のポイントになるだろう。

電子書籍を書店で販売する試みは、これまで世界でも成功した例はない。電子書籍市場の形成期にある日本ではどうなのか、書店の今後を考えるうえでもそのなりゆきが重要性を増している。

（初出：「日販通信」二〇一三年一月号）

7　二〇一三年の出版産業

二〇一三年は、前年後半から本格的なサービスを始めた電子書籍の市場が形成され始めた年であり、楽天が取次の売り上げ第三位である大阪屋に出資するという衝撃的なニュースが流れるなど、一九九〇年代後半からの出版業界の地殻変動が、いよいよ顕在化し始めた年だったように思われる。そんななかで、書店という業態がこれから何をめざすべきなのかという問いも、これまで以上に差し迫った課題になっている。二〇一三年に起きた出来事を俯瞰することで、出版業界のトレンドを見極め、今後を考える参考にしてほしいと思う。

書籍市場に変調？

二〇一三年九月時点の書籍・雑誌市場は、出版科学研究所のデータによると、書籍・雑誌の販売額が一兆二千七百六十二億八千三百万円で前年同期比二・八％減、このうち書籍が六千百十一億二千百万円で同一・三％減、雑誌が六千六百五十一億六千三百万円で同四・二％減だった。雑誌の長期低迷の傾向は相変わらずで、このままいくと、雑誌売り上げが書籍を下回るのではないかと思われるほどだ。

ただ、減少率が低いようにみえる書籍についても、二〇一二年頃から市況に変化がみられる。日販が発表している書店の販売状況では、前年から月別で五、六％の減少が続き、その傾向は一三年も変わらないという。同社の調べでは、客単価は減少しておらず、客数が減っているのだ。

確かに、二〇一二年はミリオンセラーが阿川佐和子著『聞く力』(1)一点にとどまり、売れ筋の不在が市況悪化の原因ではないかとされていた。

しかし、周知のとおり、二〇一三年は四月に刊行された村上春樹の新刊『色彩を持たない多崎つくると、彼の巡礼の年』の百五万部を皮切りに、本屋大賞を受賞した百田尚樹著『海賊とよばれた男』[2]、そして彼の既刊文庫『永遠の0』[3]、さらにドラマ『半沢直樹』[4]でブレイクした池井戸潤の『オレたちバブル入行組』[5]と『オレたち花のバブル組』[6]、同作の続篇の『ロスジェネの逆襲』[7]と、大ヒット作が相次いだ。

にもかかわらず、店頭の販売状況が低迷しているのだ。ほかのチャンネルに客を奪われているのだろうか。そうでないとしたら、売れ筋以外の、ベースとなる書籍の売れ行きが全体的に落ち込んでいるということになる。

少なくともまだ電子書籍の市場は拡大を始めたばかりで、紙の本の市場に影響を及ぼすレベルに達していないし、伸びているといわれるオンライン書店のシェアも、各社が販売数字をいっさい発表していないので確かなことはいえないが、書店の市場をここまで食うほど急激に拡大しているとは思えない。

一つ気にかかるのは、ちょうど店頭売り上げの急激な減少が始まった時期が、スマートフォンが各世代に普及した時期と重なることだ。もちろん、この二つの現象を短絡的に結び付けることはできないが、余暇時間の奪い合いはあるだろう。その意味で、通勤電車内でほとんどの乗客がスマホをのぞき込んでいる状況をみると、何らかの影響を思わずにはいられない。

電子書籍の市場は拡大を始めた

一方、電子書籍の市場は、二〇一三年後半に楽天「Kobo」、アマゾン「Kindle」、BookLive「Lideo」といった本格的なサービスが始まったことで、徐々に拡大している。

以前から積極的に電子書籍を出してきた講談社は、二〇一二年度に約二十七億円だった「デジタル」の売り上げが、一三年度には倍増した。その結果、同社の売上高に占める電子書籍の比率は前年の約二%から四%程度に上昇した。

もちろん、電子書籍事業を積極的に展開している出版社はまだそれほど多くないし、売り上げの中身をみても、従来から携帯電話向け配信で大きな市場になっていたコミックがかなりの割合を占めている。

先にあげた大ヒット作で電子書籍が発売されているケースをみても、紙と電子の比率は多くて一〇対一程度だ。しかも、紙の本が売れなければ、独自のプロモーション手法が確立できていない電子書籍はほとんど売れない。

それでもジャンルによっては、電子書籍が先行したアメリカと同様の傾向が出ているようだ。アメリカでは、ロマンス小説でいち早く電子での読書が定着し、紙の市場が縮小したといわれているが、日本の専門出版社でも、この分野では電子版の売り上げが販売量の一〇%に達している。

アメリカでは、「Kindle」サービスを開始して五年目にあたる二〇一二年に、電子書籍の市場規模が紙の書籍市場の三割程度に拡大し、紙の書籍の販売量がロマンス、ミステリーなどを中心に二〇%ほど縮小したという。一方で、同じサービスが始まったドイツやフランスでの伸びは、それよりも鈍いようだ。

日本でも、電子書籍がアメリカほどの速度と規模で紙の書籍市場に影響を及ぼすかどうかはわからない。ただ、懸念として、紙のコミックへの影響がある。雑誌の低迷と書籍の売れ行き不振などで、いま書店などのコミックへの依存度はこれまで以上に高くなっている。そのコミック市場にたとえ一割でも影響が表れたとしたら、由々しき事態だろう。

先に述べた書籍市場の変化と今後の電子書籍市場の拡大を考えると、雑誌だけでなく、コミックや書籍でも、媒体間の競合が始まりつつあるのかもしれない。

●武雄市図書館が示したもの

このように書籍・雑誌販売の環境が激変するなか、リアル書店の周辺でもいくつか注目すべき動きがあった。

一つは、大きな話題になった武雄市図書館開設をはじめとする公共図書館の変化だ。

武雄市図書館は、CCCが指定管理業者になって、企画から運営まで請け負っている。館内にはカフェを備え、書籍・雑誌などを販売するTSUTAYAもある。同社が東京・代官山に開設した代官山蔦屋書店をモデルにして、これまでの公共図書館のイメージを覆した。

同図書館には、オープン三カ月ほどで前年(リニューアル前)の年間来館者を上回る数の人が訪れた。しかも武雄市外からの来館者も多く、町おこしに結び付いているという。こうした成果をみて、多賀城市・周南市などもCCCと提携し図書館建設を進めているなど、この事業に注目する自治体は多い。今後、各地で同様のモデルが推進されるかもしれない。

この動きが、各地域の書店にとって脅威になる可能性をもっていることは確かだ。だが一方で、本を提供する場所にはいまも人が集まり、その形を進化させることができることを改めて示したといえる。

CCCは、代官山蔦屋書店と武雄市図書館で試みたモデルを店舗として盛岡市・函館市などに相次いでオープンしているが、同社に限らず、書店が自ら形を変える「リモデル」は、これからの書店に共通の課題ではないかと思われる。

リモデルでは、必ずしも豪華な店舗を作ったり、広い売り場面積を確保する必要などない。リモデルに共通するキーワードの一つは、「コミュニティー」なのだ。

図書館と書店が地域で連携できないか

CCCが武雄市図書館や函館蔦屋書店を開設するにあたって発行した書籍『図書館が街を創る。』(8)『文化の樹を植える。』(9)をみると、地域との共生やコミュニティーデザインなどのキーワードがしばしば登場する。十月に開かれた図書館総合展でのシンポジウムでも、武雄市長やCCCの図書館担当者は、「図書館らしい図書館を作ることが目的ではなく、地域住民のための図書館を作ることが目的」と話していた。

余暇時間の奪い合い、電子書籍の市場拡大などに、リアル書店が対抗できる最大の強みは、言うまでもなく店舗であり、地域との連携だろう。そういう意味で書店は、指定管理といった取り組みには至らなくても、改めて地域の図書館との連携などを模索してみるべきだろう。

やはり二〇一三年に改築されて多くの来館者を集めている山梨県立図書館と甲府市内の書店を取材した際にも、連携の必要性とともに、これまで両者の間にほとんどコミュニケーションがなかったことを痛感させられた。

両者の間にはこれまで長年にわたり競合や納入の問題が横たわってきたが、電子化という共通の課題を抱え、地域で出版物を提供するという同じ目的をもっている。そうした存在として、小さいところからでも、継続的な連携を始めていければと思う。

●アメリカの独立系書店にみるコミュニティーとの連携

電子書籍の市場が日本よりも急速に拡大してきたアメリカでも、実は独立系書店のキーワードは「コミュニティー」や「ローカリズム」だという。二〇一二年に訪れたニューヨークで、それを体現している書店を二店訪ねたので紹介したい。

一店はマンハッタンにあるマクナリー・ジャクソン・ブックストア。約三百平方メートルほどの店舗内にはカフェスペースもあり、落ち着いた雰囲気の店内には、平日にもかかわらず大人のお客が何人もいた。

この店で何よりも目を引くのは、「エスプレッソ・ブックマシーン（ＥＢＭ）」と呼ばれるプリント・オンデマンド（ＰＯＤ）システムだ。日本でも三省堂書店が神保町本店の一階に設置しているが、電子化した書籍のデータベースから、客の求めに応じて一冊ずつその場で印刷・製本して手渡す仕組みである。見た目は小さな印刷機か大型のコピー機といった感じだ。

このシステムを使って、同書店では月間千冊の本を制作している。しかもそのほとんどは、過去の本のオンデマンド版ではなく客が持ち込んでくる自費出版であり、その客の大多数が地域の住民だという。アメリカでは同様のセルフパブリッシング（自費出版）・サービスをアマゾンなど多くのネット企業が提供しているが、「自分の本をマクナリー・ジャクソンで出したい」という地域のファンが、同店には多く訪れるという。そのおかげで、導入に千二百万円ほどかけたという「EBM」は、採算がとれるビジネスになっている。

もう一店は、ブルックリン地域にあるグリーンライト・ブックストア。こちらは、自治体の公募に応募した元書店員と出版営業の二人の若い女性が三年ほど前に開業した、まさにコミュニティーが生み出した書店だ。売り場面積は約二百平方メートルほど。自治体の紹介で元保険会社の事務所を店舗に改装した。オープンの際に地域住民から出資を募ったところ、七万ドル（約七百万円）の「コミュニティーローン」が集まったという。地域のコミュニティーカレッジや中学校・高校などでの書籍販売も請け負い、開業から三年間成長を続け、コミュニティーローンも五年で返済するめどが立っているとのことだった。

日本でも、電子化が進行する一方で、地域性が見直され始めている。「コミュニティーデザイン」をテーマにした出版物が多く刊行されているのもその表れだ。同時にリアル書店、特に地域の独立系書店の存在を見直す風潮もあるように思える。

出版物の販売量が減少し、しかも書籍の収益性が低いという課題を抱えるなかであっても、「コミュニティー」をキーワードに、そこに暮らす人々に向けた商材やサービス、空間を工夫し提供していく余地はまだまだあるのではないだろうか。一見ネガティブにみえる環境変化も、前提なしに自らの立脚点を見つめ直してみる機会にすることができれば、展望が開けてくるのではないかと思う。

注

(1) 阿川佐和子『聞く力――心をひらく35のヒント』(文春新書)、文藝春秋、二〇一二年

(2) 百田尚樹『海賊とよばれた男』上・下、講談社、二〇一二年

(3) 百田尚樹『永遠の0』(講談社文庫)、講談社、二〇〇九年

(4)『半沢直樹』TBS系、二〇一三年

(5) 池井戸潤『オレたちバブル入行組』(文春文庫)、文藝春秋、二〇〇七年

(6) 池井戸潤『オレたち花のバブル組』(文春文庫)、文藝春秋、二〇一〇年

(7) 池井戸潤『ロスジェネの逆襲』ダイヤモンド社、二〇一二年

(8) 楽園計画編『図書館が街を創る。――「武雄市図書館」という挑戦』ネコ・パブリッシング、二〇一三年

(9) 楽園計画編『文化の樹を植える。――「函館 蔦屋書店」という冒険』ネコ・パブリッシング、二〇一三年

(初出:「日販通信」二〇一四年一月号)

初出一覧

［本書への所収にあたって、いずれの論考にも最小限の加筆と修正を加えた。］

第1章　出版という産業

1　「出版不況」の正体とは――雑誌メディアの低迷とデジタル技術の影響
「日本出版産業の構造変化――雑誌メディアの低迷とデジタル技術の影響」「出版研究」第三十九号、日本出版学会、二〇〇八年

2　不況の大手出版社を支える「その他」部門とは何か
「不況の大手出版社を支える注目の収益源「その他」部門とは何か」「Journalism」二〇〇九年十月号、朝日新聞社ジャーナリスト学校

第2章　出版流通・販売の変化

1　デジタル技術が変える出版流通
「デジタル技術による書籍のマーケティングと流通の変化」「出版研究」第三十四号、日本出版学会、二〇〇三年

2　取次システムの変容と書店の今後
「出版業界の構造変化と書店間競争」「人文会ニュース」第九十六号、人文会、二〇〇五年

3　書店が抱えるリスクと将来展望
「書店の可能性とリスク」「情報の科学と技術」第六十三巻第八号、情報科学技術協会、二〇一三年

4　デジタル化でみえてきた書店の役割
「不況とデジタル時代の中で元気な「最寄りの書店」の共通点」「Journalism」二〇一〇年十月号、朝日新聞社ジャーナリスト学校

5　〝街の本屋〟の復活をめざすモデル書店
「生ビールを飲みながら本が選べる「街の本屋」復活めざすモデル書店」「Journalism」二〇一二年十一月号、朝日新聞社ジャーナリスト学校

第3章　闘うアメリカの独立系書店

1　アメリカの書店組合ABAのマーケティング戦略
「ABAマーケティング・オフィサー　マイケル・F・ホインズ氏に聞く」「文化通信」二〇〇三年六月三十日付

2　アメリカ最大の独立系書店パウエルズのビジネスモデル
「米国の独立系書店「パウエルズブックス」の戦略」「文化通信」二〇〇三年六月三十日付、「特集・写真で見る米国最大の独立系書店パウエルズブックス」「文化通信BB」二〇〇四年七月二十六日付増刊

第4章　いよいよ本格化する電子出版

1　電子書籍元年とは何だったのか
「電子書籍と出版産業」「情報の科学と技術」第六十二巻第六号、情報科学技術協会、二〇一二年

2　デジタル化で広がる出版の契約
「デジタル化の波が出版契約に与える影響とは」「季刊・本とコンピュータ」二〇〇一年冬号、大日本印刷ICC本部

3　日本ではなぜ学術書の電子化が進まないのか
「日本で学術書、そして図書館の電子化を進めるには?」『ず・ぼん18』ポット出版、二〇一三年

第5章　海外の出版事情と日本の国際化

1　海外に広がる日本の出版コンテンツ――にわかに活気づく出版社の版権ビジネス
「村上春樹『1Q84』、韓国でも百万部!?　にわかに活気づく出版社の版権ビジネス」「Journalism」二〇一〇年一月号、朝日新聞社ジャーナリスト学校

2　アメリカで拡大するマンガ市場――ルポ　成長急なアメリカ〝MANGA〟市場
「大手出版企業も注目、積極参入へ――ルポ　成長急な米国〝MANGA〟市場」「文化通信」二〇〇四年六月二十八日付

3　ドイツの出版業界が描く将来像「五十五のテーゼ」
「十四年後のドイツ出版業界を予測「五十五のテーゼ」は刺激的で興味津々」「Journalism」二〇一一年十月号、朝日新聞社ジャーナリスト学校

4　中小書店の世界組織――ニューヨークのブックエキスポで聞いた話
「世界中の中小書店よ、立ち上がれ！　NYブック・エキスポで聞いた話」「Journalism」二〇一二年七月号、朝日新聞社ジャーナリスト学校

5　海外に打って出る韓国出版社――国内市場の縮小傾向で日本はどうする
「海外へ打って出る韓国の出版社　国内市場の縮小傾向で日本はどうする」「Journalism」二〇一三年八月号、朝日新聞社ジャーナリスト学校

6　東京国際ブックフェアの成り立ちと今後
「東京国際ブックフェアの変遷と展望」「人文会ニュース」第百二号、人文会、二〇〇七年

7　「出展者」が増え、「出版社」が減るＴＩＢＦ
「出展者が増え、出版社が減る？――ＴＩＢＦの展望」「文化通信」二〇一二年七月三十日付

第6章　出版産業の課題と動向

1　二〇〇七年の出版産業
「本格的な構造転換を迫られる出版産業」「日販通信」二〇〇八年一月号、日本出版販売

2　二〇〇八年の出版産業
「デジタル化と本格化する業界再編」「日販通信」二〇〇九年一月号、日本出版販売

3　二〇〇九年の出版産業
「二〇一〇年の出版業界の展望と課題」「日販通信」二〇一〇年一月号、日本出版販売

4　二〇一〇年の出版産業
「〝電子書籍ブーム〟と〝今後〟」「日販通信」二〇一一年一月号、日本出版販売

5　二〇一一年の出版産業
「電子の影響と書店の存在感――自ら仕入れる必要性」「日販通信」二〇一二年一月号、日本出版販売

6　二〇一二年の出版業界
「電子書籍事業の動向とリアル書店ならではの取り組み」「日販通信」二〇一三年一月号、日本出版販売

7　二〇一三年の出版産業
「出版業界のトピックスを踏まえて書店の今後を考える」「日販通信」二〇一四年一月号、日本出版販売

あとがき

専門紙の記者がすべてそうなのかどうかはわからないが、長年一つの業界で仕事をしてきた記者は、純然たる取材者かと問われれば業界人に近く、かといって当事者ともいえない微妙な立ち位置にある。そんな生活を二十五年間も続けてこられたのはなぜかと考えると、この業界が面白かったからだと思う。

東京オリンピックの年に生まれ、テレビの『ウルトラマン』や中村雅俊の青春ドラマで育ち、大学では映画研究会という議論好きが集まるサークルに籍を置き、授業より部室に入り浸っていた。卒業当時は「バブル」終盤、選ばなければ就職できる「売り手市場」の時代だった（世代イメージのために言えば、楽天の三木谷浩史、アマゾンのジェフ・ベゾスなどが同世代だ）。

そんな時代の雰囲気のせいもあってか、卒業となってもまともな就職活動をせずに、キャンプ場などのガイドブックを作る編集プロダクションでアルバイトをしていたとき、先輩から「どうせ出版の仕事をするならプロダクションではなくて〝版元〟にしろ」と言われて、たまたま新聞の求人広告を見て文化通信社に入った。そこが新聞社であることに気づいたのは初出勤のときだった。

そこからは本書にあるとおり。この業界がかつて経験しなかったような激変期に入ったわけだが、微妙な立ち位置にいる傍観者にとって、その変化のさまはすこぶる面白いものだった。面白いなどというと不謹慎と思われるかもしれないが、これまでの、そして現在の出版産業がそれほどダイナミックな世界だということである。そして気がついたら二十五年がたっていた。
そんな節目の時期に、これまで書き散らしてきた拙文をまとめようと、駆け出し時代からお世話になってきた青弓社の矢野恵二氏から声をかけていただいた。なんの脈絡もなく、そのときどきに求められるがままに書いてきたものをまとめることにどれほどの意味があるのかといささか躊躇したが、せっかくのことなので形にすることにした。
ここに収めている内容の多くは、私が直接見聞したり、業界の人々からときには酒を飲みながら教えていただいたものがベースになっている。そういう意味で、私という媒介者を通して、出版業界の多くの事象、そして業界人の思いや考えを蓄積した集合知だといえるのかもしれない。

本書の刊行にあたって、そのことを可能にしてくださった多くの業界関係者のみなさん、そしてその基盤となった文化通信社の経営者と社員のみなさん、そして矢野さんに感謝します。本当にありがとうございました。そして、まだ変化は続いているので見逃すわけにはいきません。これからもよろしくお願いします。

二〇一四年四月

星野　渉

［著者略歴］
星野 渉（ほしの　わたる）
1964年、東京都生まれ
文化通信社取締役編集長、日本出版学会理事・事務局長、NPO法人本の学校副理事長、東洋大学非常勤講師
共著に『電子書籍と出版』（ポット出版）、『白書出版産業2010』（文化通信社）、『読書と図書館』（青弓社）、『出版メディア入門』（日本評論社）、『オンライン書店の可能性を探る』（日本エディタースクール出版部）ほか

出版産業《しゅっぱんさんぎょう》の変貌《へんぼう》を追《お》う

発行………2014年5月21日　第1刷
定価………2000円＋税
著者………星野 渉
発行者……矢野恵二
発行所……株式会社青弓社
〒101-0061 東京都千代田区三崎町3-3-4
電話 03-3265-8548（代）
http://www.seikyusha.co.jp
印刷所……三松堂
製本所……三松堂

ISBN978-4-7872-3377-6 C0036